LES 100 HÉROÏNES DE LA LITTÉRATURE

Société du Figaro. Siège social 14, boulevard Haussmann, 75009 Paris.
Président : Charles Edelstenne.
Directeur général, directeur de la publication : Marc Feuillée.
Directeur des rédactions : Alexis Brézet.
Directeur général adjoint : Jean-Luc Breysse.
Directeur du Figaro littéraire : Étienne de Montéty.

Éditeur : Robert Mergui.
Auteur : Laurence Caracalla.
Illustrations : Frédérick Lopez.
Maquette : Sophie Trotin.
Couverture : Philippe Gruson.
Création : Delphine Aumaitre.
Correction : Joseph Castaldo.
Directeur industriel : Marc Tonkovic.
Directeur de la diffusion : Philippe Grinberg.
Chargée de communication : Aurélie Broux.
Pré-presse : Corinne Videau.
Fabrication : Emmanuelle Dauer.

ISBN : 978-2-8105-0909-6

Achevé d'imprimer en décembre 2020 sur les presses de l'imprimerie Pollina, France - 96159.

PRÉFACE

On ne peut pas dire que la littérature ne les aime pas. Elles, ce sont les héroïnes de nos romans favoris.
Elles se nomment Scarlett O'Hara, la Sanseverina, Mouchette, Anna Karénine, Elsa Wiener, tant d'autres. Elles forment un prestigieux gynécée, peuplé de femmes dont nous murmurons les prénoms avec douceur.
D'ailleurs elles tiennent la première place dans les plus grands livres de nos bibliothèques.
Qui oserait prétendre qu'elles ne le méritent pas ?
Question aventures, heurs et malheurs, elles n'ont rien à envier à leurs homologues masculins. Combien de fois nous ont-elles ému, amusé, exaspéré. Elles n'ont pas toutes la grandeur inflexible des princesses de Racine. Qu'importe. Souvent elles ont fait notre admiration, et, avouons-le tout de go aujourd'hui, nous avons partagé le frisson de d'Artagnan s'introduisant au logis de la délicieuse Constance Bonacieux.
Grâce à elles, à leur caractère, leur courage, leur sensibilité, nous avons la certitude de mieux connaître la nature humaine.
Merci, mesdames.

Étienne de Montéty
directeur du *Figaro littéraire*

LA PRINCESSE DE CLÈVES

La Princesse de Clèves
Mme de La Fayette • 1678

C'est sans doute l'héroïne tragique par excellence, l'une des plus célèbres aussi. Lorsque Mlle de Chartres arrive à la cour d'Henri II, c'est une jeune fille aussi belle que vertueuse. Mme de La Fayette précise que sa beauté est stupéfiante et son éducation exemplaire. Très vite mariée au prince de Clèves, un homme qu'elle n'aime pas, notre héroïne, malgré les mises en garde de sa mère, tombera amoureuse du beau duc de Nemours. Par sens du devoir, elle ne succombera jamais à la tentation. *La Princesse de Clèves,* c'est le symbole du combat entre passion et morale. Une très jeune femme de seize ans, aux sentiments purs mais contradictoires, préférera fuir plutôt que de céder à ses désirs. Elle se retirera à jamais dans un couvent. Est-ce une victoire ou une défaite pour l'héroïne ? À chacun de se faire son idée. Si la princesse de Clèves demeure l'un des personnages les plus tourmentés de la littérature française du XVIIe siècle, elle est aussi l'un des plus passionnants.

MANON LESCAUT

Manon Lescaut • Abbé Prévost • 1731

Bien sûr, Manon Lescaut est une jeune femme vénale, sulfureuse, la beauté fatale à son sommet. Mais n'oublions pas que cette *« catin »,* comme on disait alors, a joué de malchance. Ses parents lui imposent de passer son existence au couvent... quand elle rencontre le beau Des Grieux. Entre eux, c'est le coup de foudre. Il l'emmène à Paris, et la demoiselle se laisse facilement séduire par d'autres hommes au portefeuille bien rempli. Oui, elle aime l'argent, mais elle aime aussi son Des Grieux. C'est d'ailleurs pour s'assurer un avenir radieux avec lui qu'elle se prostitue. C'est une femme amoureuse, libre, bien trop libre pour son époque, et on sait le scandale provoqué par la parution de ce livre longtemps interdit en France. Manon Lescaut est le personnage qui a changé la vision des héroïnes de roman. Il ne faut plus être une pure jeune fille pour intéresser le lecteur. Son tempérament choquant mais fascinant, qui fait tourner la tête d'un jeune homme de bonne famille, a inspiré par la suite de nombreux écrivains, tous tombés sous son charme à la fois naïf et volontaire.

MARIANNE

La Vie de Marianne • Pierre de Marivaux • 1731

Elle commence bien mal, la vie de Marianne. Orpheline dès l'âge de deux ans — le carrosse où elle se trouve est attaqué par des brigands et ses parents sont tués —, elle est recueillie des années plus tard par M. de Climal qui ne tarde pas à lui faire la cour. Mais elle tombe, au même moment, amoureuse du neveu de celui-ci, Valville. Au premier abord, *La Vie de Marianne* a tout du vaudeville. Mais il n'en est rien. Marivaux fait de sa protagoniste une jeune fille bien moins passive, bien moins pataude que les demoiselles de son temps. Solide, fière, intelligente, manipulatrice quand elle n'a pas d'autre choix, Marianne veut d'abord percer le mystère de sa naissance. Sa vie est semée de drames, mais elle ne s'avoue pas vaincue. Marivaux a parfois été désigné comme *« l'écrivain le plus féministe du XVIIIe siècle »*. Il est vrai qu'avec ce roman épistolaire — malheureusement inachevé —, il confronte son héroïne à la dure réalité de son époque : un monde d'hommes où les femmes occupent une place secondaire, voire superflue.

JULIE D'ÉTANGES

La Nouvelle Héloïse
Jean-Jacques Rousseau • 1761

Incarnation de la vertu, de l'obéissance et de la piété, Julie fit l'admiration des très nombreux lecteurs du roman épistolaire de Jean-Jacques Rousseau. Amoureuse de son précepteur, Saint Preux, elle se soumet aux ordres de son père et épouse Monsieur de Wolmar. Lorsque Saint Preux revient après un tour du monde, leur passion s'enflamme à nouveau. Julie a pourtant tout pour être heureuse, un mari qui croit en elle, deux enfants, et le plaisir de vivre en pleine nature, idée chère à Rousseau. Ne lui manque que l'essentiel. Pourtant, elle refuse de commettre l'adultère et trouve refuge et soutien dans la religion. L'amour, pour Julie, se sublime ainsi dans l'absence puis dans la mort, puisqu'elle mourra, non sans avoir fait une ultime déclaration à Saint Preux : « J'ai eu de l'amour pour vous, je l'avoue ; peut-être en ai-je encore, peut-être en aurai-je toujours. » Julie d'Étanges, un personnage essentiel dans l'histoire de la littérature, mieux, un modèle pour tous les auteurs romantiques des siècles à venir.

LA MARQUISE DE MERTEUIL

Les Liaisons dangereuses
Choderlos de Laclos • 1782

Difficile de trouver dans la littérature personnage plus vicieux, plus pervers, plus manipulateur. La marquise de Merteuil devrait être une protagoniste détestable. Or, sa séduction, son intelligence, sa lucidité en font une héroïne passionnante, presque attirante. C'est une libertine, assoiffée de pouvoir. Pouvoir sur les hommes, qu'elle attire et rejette. Avec son ancien amant, Valmont, tout aussi libertin, elle pose des pièges, élabore des stratégies, montre à la face du monde l'image d'elle qu'elle veut bien offrir : celle d'une femme respectable. Dans ce célèbre roman épistolaire, ce sont ses lettres les plus captivantes. Ses écrits vénéneux tranchent radicalement avec son parcours de parfaite aristocrate, bonne et amicale, admirée par ses amis. Elle charge pourtant Valmont de missions abjectes : séduire la jeune et naïve Cécile de Volanges avant son mariage, conquérir le cœur de l'irréprochable présidente de Tourvel – dans l'unique dessein de tirer vengeance. Elle finira mal (la justice triomphe) en attrapant une petite vérole qui la défigurera, et elle devra prendre la fuite. Mais, contrairement à Valmont, tué au cours d'un duel, elle ne mourra pas. Une ultime victoire ?

SUZANNE SIMONIN

La Religieuse • Denis Diderot • 1796

Pour composer le personnage de Suzanne, Diderot s'est inspiré d'une histoire vraie. Son modèle, Marguerite Delamarre, une jeune fille contrainte d'entrer dans les ordres, intenta un procès pour rompre ses vœux. Suzanne, elle non plus, n'a pas la vocation, mais ses parents l'obligent à devenir religieuse. Jeune fille intelligente, déterminée, elle devra subir bien des épreuves pour parvenir à ses fins : gagner sa liberté. Ce sont ses propres lettres qui composent ce roman et elles sont terrifiantes. Imaginez : Suzanne endure les pires sévices physiques lorsque sa supérieure apprend son désir de renoncer au voile, tandis qu'une autre veut entretenir avec elle une relation saphique. Diderot n'y va pas par quatre chemins : à l'instar de Suzanne, il se bat contre toute forme d'enfermement et met à mal l'oppression de l'Église. Il fait de son héroïne une jeune fille parfois naïve, mais le plus souvent résistante, éminemment tenace. Diderot avoue avoir écrit avec *La Religieuse « la satire la plus effrayante des couvents »*.

DELPHINE D'ALBÉMAR

Delphine • Mme de Staël • 1802

Elle est jeune, jolie, veuve, et navigue dans la bonne société avec une gentillesse, un altruisme et une générosité qui forcent l'admiration. Delphine d'Albémar arrange un mariage pour sa cousine, la bigote Mathilde de Vernon, avec un jeune homme, Léonce de Mondoville, mais tombe bientôt amoureuse de celui-ci. Un amour impossible car condamné au nom des bonnes mœurs. Maintes fois, les deux amants auraient pu finalement se marier mais quand la malchance s'en mêle… Madame de Staël a bien entendu mis beaucoup d'elle dans cette héroïne cultivée, intellectuelle, frayant dans un monde qui n'est pas prête à accueillir en son sein une femme qui pense. Une femme qui n'a que mépris pour les convenances face à une société patriarcale qui, toute entière, se dressera contre elle. La romancière, déjà détestée par Napoléon Bonaparte, n'a fait que décupler sa haine : Delphine sera conspuée, Madame de Staël contrainte à l'exil. Que d'épreuves pour l'histoire d'une héroïne qui ne demandait pourtant pas grand-chose : seulement le droit d'être heureuse.

ELIZABETH BENNET

Orgueil et préjugés • Jane Austen • 1813

En ce début de XIXe siècle, dans la bonne société britannique, les jeunes filles n'ont pas droit à la parole. Mais Elizabeth Bennet n'est pas tout à fait comme les autres. Intelligente, moqueuse et surtout impertinente, elle surprend ceux qui la croisent. Deuxième d'une tribu de quatre filles, elle ose tout ou presque. Capable de refuser une demande en mariage, de brocarder l'inaccessible Darcy, héros romantique par excellence, de répondre sans baisser les yeux aux propos injustes d'une détestable vieille lady qui n'en revient pas, la demoiselle sait ce qu'elle veut. Irrésistible donc, mais avant tout, moderne. Cette modernité, cette liberté de parole, elle les doit à son père qui en a fait sa préférée. Mais Elizabeth, c'est aussi la droiture, le courage et la générosité : sa famille saura toujours pouvoir compter sur elle. Jane Austen raconte fidèlement les bouleversements d'une société qui ne donnait à l'époque aucune place aux femmes. Celles-ci n'avaient d'autre choix que de devenir des épouses pour s'assurer un statut social. Triste constat pour ce magnifique écrivain, qui ne se mariera jamais et qui ne trouva le bonheur que dans l'écriture. Elizabeth, elle, fera ses propres choix, et si *« tout est bien qui finit bien »,* elle épousera Darcy seulement parce qu'elle l'a voulu.

ELLÉNORE

Adolphe • Benjamin Constant • 1816

Elle n'est plus de prime jeunesse : pensez, elle a 32 ans ! Et, en ce tout début de XIXe siècle, c'est déjà là un âge certain. Ellénore est belle, discrète, et elle est la maîtresse du comte de P*** dont elle a deux enfants. Mais l'arrivée du tout jeune Adolphe va perturber cette vie paisible. Adolphe tombe amoureux d'Ellénore, qui se refuse d'abord à lui, puis succombe à ses attraits, abandonnant au passage statut social, amant officiel et enfants, tandis qu'Adolphe s'avoue peu à peu la triste vérité : non seulement, son amour s'éteint de jour en jour, mais il doute même que cet amour ait jamais existé. Le jeune homme culpabilise, tergiverse et mettra fin à la liaison. Pour Benjamin Constant, Ellénore est une victime. Victime des hommes et de leur inconstance. Elle fera tout pour garder Adolphe près d'elle, en deviendra presque tyrannique, mais finira par mourir de chagrin. Ce sera son ultime vengeance : Adolphe errera sa vie durant, pétri de remords. La tragédie d'Ellénore sera devenue, en quelque sorte, une punition ultime pour l'inconséquent Adolphe.

LOUISE DE RÊNAL

Le Rouge et le Noir • Stendhal • 1830

Encore une femme sacrifiée ; la littérature du XIXe en est pleine. Mme de Rênal est une femme mariée, âgée de trente ans, douce et timide, ne vivant que pour le bonheur de ses enfants. C'est pourquoi elle ne voit pas d'un très bon œil l'arrivée chez elle d'un nouveau précepteur, craignant que celui-ci l'éloigne de sa progéniture. Mais le jeune homme, l'irrésistible Julien Sorel, parviendra à la séduire. Elle, l'épouse parfaite, l'incarnation de la bonté et de la vertu, tombera passionnément amoureuse de Julien, qui la quittera, puis fera un enfant à Mathilde de La Mole. Louise lui pardonnera de l'avoir trahie, et même d'avoir tenté de l'assassiner. On imagine ce que représentent pour cette aristocrate à l'éducation traditionnelle le fait d'avoir commis l'adultère et le poids de la faute qui pèse sur ses frêles épaules. Mme de Rênal est au comble du bonheur d'inspirer autant d'amour, mais ne cesse de culpabiliser, persuadée d'avoir été punie par Dieu lorsque son enfant tombe malade. Avec Louise de Rênal, qui finira par mourir d'amour, Stendhal compose un personnage éminemment romantique.

ESMERALDA

Notre-Dame de Paris • Victor Hugo • 1831

Héroïne mythique, maintes fois représentée au théâtre, à l'opéra, au cinéma, personnage culte pour les enfants depuis le film de Walt Disney, magnifiée par une célèbre comédie musicale, Esmeralda est (avec Carmen) la gitane la plus célèbre de la littérature. Sa beauté, sa grâce, sa pureté la mèneront pourtant à sa perte. Elle est admirée, mais aussi crainte : sur le parvis de Notre-Dame, la réputation d'Esmeralda la précède. La jeune fille serait l'incarnation du mal, séduirait les hommes, jetterait des sorts aux animaux, enlèverait les enfants… légende inventée de toutes pièces. Quasimodo, le bossu, est amoureux d'elle, d'un amour sans retour. Il tuera pour elle, avant de se laisser mourir à ses côtés. Triste sort pour notre bohémienne, capturée par le terrible Frollo — assassin de l'homme qu'elle aime : le capitaine Phœbus. Victor Hugo en fait un personnage inflexible : refusant les avances d'un être ignoble, Esmeralda se sait condamnée à mort. Une courte vie follement romantique pour cette victime de la fatalité : l'héroïne n'aura que 16 ans lorsqu'elle sera pendue.

EUGÉNIE GRANDET

Eugénie Grandet • Honoré de Balzac • 1833

C'est une jeune fille de la province française du XIXe siècle. Entendez qu'Eugénie, fille de Félix Grandet, n'a pas son mot à dire. Son père, terrible avare, a beaucoup plus d'argent qu'il ne le dit. Et il fait croire à son épouse et à sa fille qu'elles sont démunies. Mais l'amour fait son apparition sous les traits de Charles, un cousin réellement désargenté. Eugénie succombe à la passion. L'argent et l'amour peuvent-ils faire bon ménage ? C'est ainsi que Balzac, avec ce personnage aussi pur que naïf, éreinte la période de la Restauration et cette bourgeoisie enrichie et cupide, obsédée par l'argent. Eugénie donne tout ce qu'elle a et ne sera pas récompensée. Triste héroïne que Mlle Grandet, généreuse et désintéressée, et que tout le monde trahit : son père, qui en vient à la séquestrer ; son amoureux, qui l'abandonne pour une autre, plus « présentable »… jusqu'à finir seule. Eugénie Grandet, c'est le symbole d'une société pervertie : le romantisme n'a décidément aucune chance face à l'impérialisme de l'argent.

MADELEINE DE MAUPIN

Mademoiselle de Maupin
Théophile Gautier • 1835

Théophile Gautier s'est inspiré d'un personnage réel, Julie d'Aubigny, surnommée « Mademoiselle de Maupin », pour donner vie à sa mémorable protagoniste, jeune femme aussi aventurière que sulfureuse. Désireuse de connaître les hommes, leur âme et leur cœur, leurs secrets et leurs obsessions, l'intrépide demoiselle se déguise en homme et elle agit comme tel. Madeleine de Maupin est, en réalité, révoltée contre l'éducation étriquée enseignée aux jeunes femmes et elle ne veut en aucune façon rentrer dans le rang. Que de modernité chez cette héroïne batailleuse, capable de croiser le fer et de faire chavirer le cœur des hommes… comme celui des femmes. Car non seulement, Théophile Gautier la décrit aussi irrévérencieuse que justicière, mais il reste on ne peut plus ambigu sur les penchants de Madeleine pour la gent féminine. Dans sa préface, l'auteur explique son intérêt pour le personnage : lui, le grand écrivain, méprise la morale, et, avec *Mademoiselle de Maupin,* il veut afficher ses convictions à la face du monde !

HENRIETTE DE MORTSAUF

Le Lys dans la vallée • Honoré de Balzac • 1836

Modèle de droiture et de probité, Henriette de Mortsauf mène une vie des plus pénibles. Mariée à un vieil homme malade, mère de deux enfants à la santé fragile, elle ne fait que s'occuper de leur bien-être. Surgit Félix, jeune homme de dix ans plus jeune qu'elle. Entre eux, c'est le coup de foudre. Mais jamais Henriette ne se donnera à lui, son honnêteté l'empêchant de succomber à l'adultère. Elle fera, en revanche, tout pour le jeune homme et mourra de chagrin quand elle apprendra qu'il en aime une autre : lady Arabelle Dudley, son exact contraire. Voici la vie de Mme de Mortsauf comme l'a imaginée Balzac. Il en fait plus qu'un simple personnage, une sainte. Avec Henriette, l'écrivain personnifie la force spirituelle d'une femme, sa capacité à s'oublier, à l'opposé de sa rivale, une mondaine, égocentrique et sûre de son pouvoir de séduction. Mais l'amour entre la merveilleuse Henriette et le trop faible Félix perdurera pourtant, et bien au-delà de la mort. Un personnage admirable qui n'est pas sans faire penser à la princesse de Clèves.

GINA DEL DONGO

La Chartreuse de Parme • Stendhal • 1839

Elle s'appelle Gina del Dongo mais pour tous, c'est la Sanseverina. Tante de Fabrice del Dongo, héros légendaire de *La Chartreuse de Parme,* elle est dotée d'une beauté ravageuse, et fait l'admiration des salons mondains de Milan et même de Sicile. Ses attraits lui sont utiles : entourée d'hommes de pouvoir — le comte Mosca, premier ministre de Parme, le prince Ranuce-Ernest et son fils — tous fous amoureux d'elle, Gina n'a qu'à se servir d'eux pour arriver à ses fins. Mais elle est avant tout une passionnée : c'est son neveu, Fabrice del Dongo, qui a ravi son cœur. Elle ira très loin pour le sauver d'une mort certaine, jusqu'à se donner au prince qui peut le faire libérer de prison. La Sanseverina est le prototype de la femme fatale prise à son propre piège. Elle se fait aimer, mais son cœur n'est plus à prendre, et elle fera tout ce qui est en son pouvoir pour protéger son neveu du pire. Personnage ambigu car manipulateur, magnifique car entier, Gina demeure une héroïne incontournable de la littérature du XIXe siècle.

MILADY DE WINTER

Les Trois Mousquetaires • Alexandre Dumas • 1844

On est loin, très loin, des héroïnes sacrifiées, honnêtes et pétries de bonnes intentions. Milady de Winter, c'est le feu, le vice, la traîtrise, de celles qui font le mal pour parvenir à leurs fins, une femme sans pitié. Agent officieux du cardinal de Richelieu, elle donne bien du fil à retordre aux célèbres mousquetaires. On ne compte plus le nombre d'empoisonnements dont elle est le maître d'œuvre, ni les complots qu'elle fomente. Milady est d'autant plus efficace qu'elle est belle et d'apparence aimable. Une parfaite manipulatrice. Mythomane, meurtrière quand il le faut, elle ira jusqu'à assassiner Constance Bonacieux, la bien-aimée de d'Artagnan, puis son propre mari, entre autres... Sa seule satisfaction : dominer les autres, et particulièrement, les hommes. Archétype de l'héroïne maléfique, du mauvais ange, ancienne épouse d'Athos, comme on l'apprendra plus tard, Milady n'en est pas moins un personnage captivant, ses funestes desseins devenant indispensables à la vivacité du récit des aventures des mousquetaires. Il n'y a pas de bons héros sans bons ennemis.

MARGUERITE DE VALOIS

La Reine Margot • Alexandre Dumas • 1845

Elle est catholique, fille de Catherine de Médicis et de Henri II, et elle est sœur de Charles IX, roi de France. Marguerite, surnommée « Margot », doit épouser Henri de Navarre (le futur Henri IV) qui est, lui, protestant afin d'installer la paix entre les deux religions ennemies. Les mariés ne s'aiment pas, ont chacun des aventures, mais s'admirent. Jusqu'ici, Alexandre Dumas ne fait que suivre la véritable histoire. Mais, en génie de l'intrigue, le voilà qui imagine Margot passionnément éprise du comte de La Môle, érigeant ainsi la souveraine en personnage romantique. Lors de la Saint-Barthélemy, qui débute le 24 août 1572, l'un des pires massacres de l'histoire de France, l'ambitieuse Marguerite de Valois fait la connaissance du comte de La Môle, elle tentera de le sauver de la décapitation, en vain. Elle plaidera aussi la cause de son mari, menacé, comme tous les princes du sang protestants. Alexandre Dumas s'en donne à cœur joie pour dépeindre une Margot amoureuse, puissante, séductrice, prête à tout pour déjouer les terribles desseins de Catherine de Médicis, sa propre mère, et de son frère, le terrible Charles IX.

CARMEN

Carmen • Prosper Mérimée • 1847

Ce n'est même pas un roman, seulement une grande nouvelle, et pourtant… *Carmen,* l'ouvrage (comme son personnage éponyme) est resté gravé dans les mémoires. Grâce, bien sûr, à l'opéra de Bizet, l'un des plus joués dans le monde, mais aussi à son héroïne sensuelle et dangereuse. À Séville, quand le narrateur rencontre pour la première fois la belle gitane, elle commence par lui voler sa montre. Malgré cela, il tombe sous son charme, comme tous les hommes qui croisent sa route. Celui qui en fera les frais s'appelle don José. Il raconte son histoire : d'abord honnête brigadier de cavalerie, il deviendra contrebandier pour les beaux yeux de Carmen et ira jusqu'à tuer pour elle. Mais la belle, qui ne s'en soucie guère, décide même de rompre avec cet amant trop pressant. Désespéré, don José la poignarde, puis se rend aux autorités. Carmen, c'est l'histoire d'une passion meurtrière, d'un amour qui rend fou. Si Mérimée fait de sa gitane la pire des séductrices, vénale et dépravée, il dépeint aussi une irrésistible rebelle, d'une insolente liberté, le symbole même de la femme fatale.

BECKY SHARP

La Foire aux vanités
William Makepeace Thackeray • 1847

Une femme ambitieuse, extrêmement ambitieuse, est un sujet en or pour tout romancier. Rebecca Sharp, surnommée « Becky », est l'une des plus célèbres héroïnes, pour ne pas dire l'une des plus terribles ! La demoiselle est née en pleine ère victorienne, dans une famille sans le sou. Elle rêve de grandeur : entendez qu'elle veut connaître les grands de ce monde, posséder de l'argent. Elle n'a donc d'autre choix que d'épouser un homme riche. Pour arriver à ses fins, elle trahira beaucoup de monde, à commencer par sa meilleure amie, dont elle se servira allégrement pour monter dans l'échelle sociale. Antihéroïne par excellence, Becky est un personnage haïssable qui, pourtant, amuse par son culot à toute épreuve. Thackeray a voulu par son intermédiaire illustrer le triste résultat d'une société somme toute injuste : comment peut-on évoluer au XIXe siècle lorsqu'on est une jeune Anglaise sans ressource ? Sans doute en oubliant tout scrupule et en se servant des autres. L'auteur finira tout de même par sauver son personnage du pire. Un peu d'espoir dans un monde brutal, foire aux vanités.

CATHERINE EARNSHAW

Les Hauts de Hurlevent • Emily Brontë • 1847

Si ce personnage a tant marqué les esprits en ce milieu du XIXe siècle anglais, c'est qu'il est à l'opposé de l'idée que l'on se fait de la jeune première. Catherine Earnshaw est d'abord une fillette joyeuse, intrépide, qui grandit pourtant dans un climat austère. Son frère, Hindley, ne partage jamais ses jeux ; quant à son père, il est autoritaire et acariâtre. Seul Heathcliff, petit bohémien adopté par M. Earnshaw, est son ami, puis celui qui fera vibrer son cœur. En passant quelque temps dans une autre famille, les Linton, la fillette devient une jeune fille posée et raffinée. Elle épouse le fils Linton, Edgar. Emily Brontë, dont c'est l'unique roman, transforme son héroïne, malheureuse en ménage, en jeune femme orgueilleuse, colérique, méprisant son mari tout en malmenant Heathcliff. Tiraillée entre les deux hommes qui ne cesseront de l'aimer, elle sombre peu à peu dans la folie et meurt en accouchant de sa fille, prénommée elle aussi Catherine. Elle disparaît de la seconde partie du roman, mais demeure omniprésente tant elle laisse derrière elle chagrins et douleurs.

JANE EYRE

Jane Eyre • Charlotte Brontë • 1847

La même année que sa sœur, Emily, Charlotte Brontë publie son premier roman. Et, tout comme Emily, elle fait un portrait de femme loin des critères habituels. Si Jane Eyre paraît tout d'abord une fillette obéissante, une petite orpheline solitaire et éprouvée, maltraitée par des adultes injustes, elle se métamorphose au fil des ans et devient une jeune femme indépendante, volontaire, altruiste, franchissant toutes les étapes pour parvenir à être heureuse. Devenue préceptrice d'Adèle, la fille d'Edward Rochester, elle tombe amoureuse de cet homme mystérieux et n'apprendra que le jour de leur mariage qu'il a déjà une épouse, une pauvre femme aliénée. Elle partira, vivra bien des aventures pour finalement retrouver le seul homme qu'elle ait jamais aimé. Jane Eyre est devenue au fil des siècles un personnage incontournable. Sa rébellion contre tous ceux qui font le mal, son refus de se laisser enfermer par une société victorienne intolérante, a inspiré nombre d'écrivains, comme, dit-on, J. K. Rowling, la créatrice d'Harry Potter…

MARGUERITE GAUTIER

La Dame aux camélias
Alexandre Dumas fils • 1848

On peut aimer et être aimé par toutes sortes de femmes, même par une courtisane. Dans le Paris du XIXe siècle, Marguerite Gautier, la plus célèbre d'entre elles, vit un amour réciproque avec le bel Armand Duval. Elle accepte même de tout quitter et de se retirer à la campagne pour couler des jours heureux avec son amant. Mais le sort en décidera autrement et, victime des préjugés de la bourgeoisie, Marguerite devra se sacrifier pour Armand sans que jamais il ne le sache. Atteinte de tuberculose, elle mourra seule, abandonnée de tous. Alexandre Dumas fils s'est inspiré d'une période de sa propre vie pour écrire ce célèbre roman. Il fut, lui aussi, amoureux d'une demi-mondaine, Marie Duplessis, pendant plus d'un an. Il commencera l'écriture du livre quelques mois après sa mort. Marguerite, figure de la galante au grand cœur, humaine et tragique, ne serait-elle pas, malgré son passé, une femme vertueuse ? Mais la morale est sauve ; elle succombera à la tuberculose, payant cher, trop cher, l'amour d'une courtisane pour un jeune homme de la bonne société.

FANCHON FADET

La Petite Fadette • George Sand • 1849

On lui fait une bien mauvaise réputation à la petite Fadette. Sa grand-mère, la vieille Fadet est, dit-on une sorcière. Cette gamine plutôt laide et mal fagotée, est soupçonnée d'être elle-aussi une faiseuse de sorts. Pourtant, c'est une gentille fille, généreuse, qui aidera le jeune Landry à retrouver son frère jumeau, Sylvinet, perdu dans la forêt. Ils tomberont amoureux en cachette car Landry ne peut avouer à tous ses sentiments pour cette apprentie sorcière. George Sand n'y va pas par quatre chemins pour dire sa répugnance des apparences et elle sait de quoi elle parle. Mais avec la petite Fadette, l'auteur nous dévoile son amour pour la nature, la vie à la campagne, thèmes chers à son cœur. La courageuse Fadette vit dans un monde hostile et parviendra pourtant à épouser celui qu'elle aime avec la bénédiction de tous, non pas grâce à ses pouvoirs surnaturels mais parce qu'elle est sincère et honnête. D'aucuns trouveront cette morale naïve, d'autres y verront une vérité toute simple et toujours d'actualité, un hymne à la tolérance.

GRAZIELLA

Graziella • Alphonse de Lamartine • 1849

On a dit ce roman autobiographique, il est surtout l'œuvre d'un romancier captivé par l'Italie, celle des bords de mer et des pêcheurs. Le narrateur, un aristocrate français, échoue sur l'île de Procida. Il est recueilli par une famille de pêcheurs et rencontre la très belle Graziella, une jeune Napolitaine, fille de ses sauveurs et corailleuse. Ils sont tous deux très jeunes, et leur amitié sincère se transforme bientôt en amour passionnel. Graziella a-t-elle réellement existé ou est-elle aux yeux de Lamartine une incarnation de toutes ces ravissantes Italiennes, vêtues de leur robe aux couleurs vives, comme il les apercevait lors de son propre voyage ? Qu'importe, Graziella se métamorphose en être follement romantique, une beauté sauvage d'une fraîcheur déconcertante. Bien sûr, l'histoire finira mal, comment un jeune homme de bonne famille peut-il faire sa vie avec une simple fille de pêcheur ? Et Graziella, demoiselle sacrifiée sur l'autel de la bienséance, ne survivra pas à cet abandon. Avec ce personnage tragique, Lamartine confirmera sa place de grand écrivain romantique.

LA VELLINI

Une vieille maîtresse
Jules Barbey d'Aurevilly • 1851

Antihéroïne par excellence, la Vellini n'est plus de prime jeunesse. Petite et maigre, le teint jaune, la poitrine plate, voici le portrait peu flatteur qu'en fait Barbey d'Aurevilly. Et pourtant, cette vieille et laide maîtresse n'est pas sans charme. Espagnole au sang chaud, elle a attiré dans ses filets, dix ans plus tôt, Ryno de Marigny, dandy libertin, séducteur mystérieux, qui ne peut plus se passer d'elle. Mais il tombe amoureux de l'exact contraire de la Vellini. Hermangarde de Polastron est jeune, belle, blonde et pure. Il l'épouse et doit se séparer à jamais de sa vieille maîtresse… mais il n'y parvient pas. L'attrait du sexe, de la débauche est la plus forte. La Vellini agit comme une drogue : il s'enfuit et revient, incapable de quitter définitivement cette femme vénéneuse, cette *« sorcière »,* bien décidée à mettre un terme à l'union des deux époux : *« Tu passeras sur le cœur de la jeune fille pour me revenir »,* dit à son amant la vieille maîtresse. Excellente prémonition : Hermangarde, lasse des infidélités de son mari, le quittera. La Villeni a gagné.

EMMA BOVARY

Madame Bovary • Gustave Flaubert • 1857

C'est sans doute la plus célèbre de toutes les héroïnes de la littérature française. Emma Bovary, la petite provinciale aux rêves trop grands, a inspiré une multitude d'écrivains, mais le personnage de Flaubert demeure le plus parfait, le plus déchirant. Emma épouse Charles, s'ennuie, rêve, prend des amants, s'imagine devenir une autre et, déçue, accablée de honte, se donne la mort. Son histoire est célèbre, son nom le deviendra. Rares sont les protagonistes de roman dont le patronyme devient substantif, entré dans le dictionnaire : le bovarysme, *« comportement d'une femme que l'insatisfaction entraîne à des rêveries ambitieuses ayant un rôle compensatoire »,* écrit le Larousse. Une définition succincte et pourtant implacable pour décrire cette jeune femme mélancolique et frustrée, grande amatrice d'ouvrages à l'eau de rose, mêlant fantasme et réalité, malmenée par la vie et par les hommes. Le génie de Flaubert, et le mot n'est pas trop fort, est d'avoir réussi à façonner l'héroïne la plus vivante, la plus humaine… Grâce à son créateur, Emma Bovary est entrée dans la légende.

AMY DORRIT

La Petite Dorrit • Charles Dickens • 1857

Amy Dorrit est une petite fille innocente du milieu du XIXe siècle, comme Dickens aimait tant les imaginer. Elle est née et vit en prison. Son père y est enfermé avec toute sa famille, incapable de rembourser ses dettes après avoir fait faillite. Devenue une jeune fille dévouée et généreuse, elle travaille, discrètement pour ne pas humilier ses parents, et parvient à subvenir aux besoins de tous. Mais Amy va rencontrer le sympathique Arthur Clennam qui, touché par cette courageuse demoiselle, va l'aider à faire sortir sa famille du pétrin. Et il réussira… Dickens, l'un des plus grands romanciers britanniques de l'époque victorienne, défenseur de nombreuses causes — l'éducation, la condition féminine — sait de quoi il parle. Amy, c'est un peu lui. Le propre père de l'écrivain a, lui aussi, été incarcéré avec son épouse et les plus jeunes de ses enfants, tandis que Charles venait chaque dimanche leur rendre visite. Cette expérience traumatisante sera fondatrice. Sa vie durant, Dickens luttera contre toutes les inégalités sociales.

SOPHIE DE RÉAN

Les Malheurs de Sophie
comtesse de Ségur • 1858

La comtesse ne l'a jamais caché : la petite Sophie, turbulente et pleine de vie, c'est elle. Celle qui s'appelait encore Sophie Rostopchine a passé son enfance dans la propriété familiale de Voronovo, près de Moscou et, comme son personnage, était le plus souvent livrée à elle-même. Les bêtises ? Elle les a toutes faites et s'est amusée à les raconter. Pour distraire ses petits-enfants, elle se plonge dans l'écriture des *Malheurs de Sophie* et s'en donne à cœur joie. Sophie est gentille, coquette, très gourmande. Ses impairs, et ils sont nombreux, ne sont dus qu'à son étourderie, sa naïveté, et, il faut aussi le préciser, à sa mauvaise humeur. Sophie est peut-être paresseuse, menteuse, bagarreuse, mais elle a toutes les excuses : sa mère est morte lors d'un naufrage, et son père s'est remarié avec une marâtre bien cruelle, Mme Fichini. C'est une petite fille maltraitée, il ne faut pas l'oublier. Ses aventures ont, en tout cas, fait le bonheur des enfants qui, plus de cent cinquante ans après sa création, continuent à lui faire un triomphe.

COSETTE THOLOMYÈS

Les Misérables • Victor Hugo • 1862

Encore une héroïne mythique. « Cosette », surnom d'Euphrasie, est sauvée des griffes de tortionnaires, les Thénardier, par Jean Valjean. Le bagnard en fuite doit la racheter au couple qui hésite à s'en séparer : elle était en effet devenue leur domestique. La petite n'a que 8 ans et déjà un passé très lourd. Avec son père adoptif, elle vivra enfin une adolescence paisible dans un couvent. D'après la description de Victor Hugo, elle devient une jeune fille ravissante, *« un front qui semblait fait de marbre, des joues qui semblaient faites d'une feuille de rose, un incarnat pâle, une blancheur émue, une bouche exquise »*. De quoi faire tourner les têtes. Et c'est Marius Pontmercy, un jeune idéaliste, qui sera le premier à la remarquer. Après de multiples rebondissements, elle finira par l'épouser. Cosette devient un personnage si marquant qu'on utilise son nom pour définir une jeune fille surexploitée par ses employeurs. Elle demeure ainsi à jamais dans les mémoires, et pas seulement dans celle des lecteurs de Victor Hugo.

ALICE

Alice au pays des merveilles • Lewis Carroll • 1865

Lewis Carroll avait-il déjà l'idée de ce roman avant de rencontrer Alice Liddell, 10 ans et ses deux sœurs ? Lors d'une promenade en barque, la fille de son ami, le linguiste Henry Liddell lui aurait demandé de raconter une histoire pour les divertir. C'est ainsi que naît *Alice au pays des merveilles,* ouvrage culte et pas seulement pour les plus jeunes. La petite Anglaise, non contente d'entendre une aventure dont elle est l'héroïne, demande à l'écrivain de la coucher sur le papier. On connaît la suite. Alice, donc, petite fille intrépide et curieuse, s'ennuie. Surgit un lapin blanc qui déclare être en retard. Elle décide de le suivre, tombe longuement dans un terrier et découvre un univers inconnu, irréel, où plantes et animaux parlent. Un monde extraordinaire pour les enfants, plein de nostalgie pour les adultes, celui où on veut encore croire à l'incroyable, où les réponses aux questions peuvent être folles et extravagantes, mais toujours acceptables. Et, chemin faisant, Alice, petite héroïne légendaire, est devenue, depuis plus de cent cinquante ans, un symbole, celui de l'enfance perdue.

THÉRÈSE RAQUIN

Thérèse Raquin • Émile Zola • 1867

Dans ce premier roman naturaliste, Émile Zola imagine le plus noir de ses personnages. Thérèse, mariée à Camille avec qui elle a été élevée, réalise soudain la monotonie de sa vie. Elle passe ses journées dans une petite mercerie sinistre qu'elle tient avec sa belle-mère. Elle rencontre Laurent, devient sa maîtresse et découvre le plaisir charnel. Mais le mari est encombrant et, ensemble, ils décident de l'assassiner. Thérèse, c'est l'éternelle insatisfaite. Nerveuse, hystérique, elle est prête, sans sourciller à faire disparaître les gêneurs. Elle cherche le bonheur, croit le trouver avec Laurent et comprendra vite qu'il ne lui apportera jamais ce qu'elle désire. Thérèse est une héroïne terrible, incontrôlable, capable de jouer à la veuve éplorée tout en se réjouissant d'être libre. Mais elle ne l'emportera pas en paradis : l'histoire finira mal pour les deux amants. L'ouvrage fut, à sa parution, conspué par les critiques, écœurés par cette protagoniste sans foi ni loi. Zola, dans son esprit, n'a fait que décrire, presque scientifiquement, un monstre, illustrant ainsi son goût pour le naturalisme. Une femme comme il en existe et qu'on se refuse à voir.

JO MARCH

Les Quatre Filles du Dr March
Louisa May Alcott • 1868

Dans la famille March, on entend beaucoup de bruits, de cris et de rires. Elles sont quatre sœurs, différentes mais solidaires, et vivent seules avec leur mère tandis que leur père est parti se battre. Nous sommes en pleine guerre de Sécession. Josephine, surnommée « Jo », n'est pas l'aînée, mais la seconde fille du Dr March. Tout comme l'auteur du roman, Louisa May Alcott, elle rêve de devenir écrivain et, si elle adore sa famille, elle aspire à une certaine indépendance. Garçon manqué, jeune fille très courageuse, un rien impulsive, elle n'a qu'un défaut : ses colères, et elles sont mémorables. La romancière a surtout voulu en faire une demoiselle en avance sur son temps. Dans ces années 1860, en Amérique, rares sont celles qui déplorent ne pas pouvoir faire la guerre, rares sont celles qui s'opposent aux diktats. Simone de Beauvoir, elle-même, dira un jour s'être reconnue dans ce personnage ! C'est sans doute sa détermination, sa liberté qui en font une indémodable héroïne : aujourd'hui encore, maintes jeunes filles veulent ressembler à l'impétueuse Jo.

MARIE ARNOUX

L'Éducation sentimentale
Gustave Flaubert • 1869

C*e fut comme une apparition »,* voilà comment Frédéric Moreau, jeune homme romantique décrit sa première rencontre avec Mme Arnoux. Cette femme de la bourgeoisie, honnête et sincère, est mariée et mère de famille. L'amour que lui porte bientôt Frédéric est un déchirement. Jamais, elle ne commettra l'adultère, sa conscience l'en empêche, et Frédéric finira pas se lasser. Pire, lorsqu'il la revoit des années après leur relation platonique, il lui jure à nouveau son amour, mais apercevra soudain sa chevelure blanchie : *« Ce fut comme un heurt en pleine poitrine »,* avoue-t-il. Effrayé, presque dégoûté, il s'en détournera à jamais. Marie Arnoux est un fantasme, celui de la passion romantique d'un jeune idéaliste qui se persuade d'avoir rencontré le grand amour, un garçon épris de liberté qui ne connaîtra que l'échec. Car Frédéric n'est pas à la hauteur de ses ambitions. Plus Gustave Flaubert nous le décrit comme un velléitaire, un être passif, plus notre admiration pour Mme Arnoux grandit. Non, décidément, il ne méritait pas l'amour qu'elle lui portait !

DOROTHEA BROOKE

Middlemarch • George Eliot • 1871

Dans cette petite ville de province britannique, Dorothea Brooke surprend tout le monde. Elle décide de se marier avec le révérend Edward Casaubon, non par amour mais par admiration. C'est un vieil intellectuel qui, depuis des années, s'emploie à faire des recherches scolastiques. Elle croit pouvoir l'assister, mais se rend vite compte qu'il se moque bien de son désir de l'aider. Elle n'est qu'une femme, rien d'autre. Voilà le sort réservé aux femmes de l'Angleterre de cette fin du XIXe siècle : s'occuper de son foyer et ne jamais, ô grand jamais, avoir d'autre ambition que celle-là. Dorothea, jeune femme brillante, sans doute bien supérieure à son épouvantable mari, préférera, jusqu'à la mort de son époux, se taire. Elle est une victime de son temps, et on enrage de la voir ainsi sous-employée. Un sujet qui tenait à cœur à George Eliot. De son vrai nom Mary Ann Evans, la romancière a dû choisir un pseudonyme pour être prise au sérieux dans les milieux littéraires. La ressemblance avec Dorothea s'arrête là, George fut, sa vie durant, une femme libre.

ANNA KARÉNINE

Anna Karénine • Léon Tolstoï • 1877

Pour Vladimir Nabokov, Anna Karénine est l'exact contraire de Mme Bovary, autre grande figure de la littérature. C'est aussi l'héroïne tragique par excellence, mais qui, elle, assumera jusqu'au bout sa passion. Issue de l'aristocratie, Anna est mariée à Alexis et mère d'un petit garçon. Lorsqu'elle rencontre Vronski, officier séducteur et désinvolte, c'est le coup de foudre. L'honnête Anna lutte pour résister à son désir, mais finit par succomber. Elle aura un enfant de son bel amant et fuira avec lui, s'offrant corps et âme, mais abandonnant ainsi sa famille. Aux yeux de la haute société russe, cet adultère est intolérable. C'est dans ce lourd climat que la relation entre Anna et Vronski se détériore. Les années passent, et Anna ne peut se consoler d'avoir quitté son mari et son fils. Elle se jettera sous un train. Avec cette héroïne entière, Tolstoï veut brocarder la société russe de la fin du XIXe. Anna est montrée du doigt parce que jugée immorale. Mais, en refusant avec courage de subir le joug de son milieu, n'est-elle pas seulement la victime d'une société hypocrite ?

ÉLISA

La Fille Élisa • Edmond de Goncourt • 1877

Depuis le tout début, la vie d'Élisa est un enfer. Elle grandit dans la misère, sous la domination d'une mère faiseuse d'anges et côtoie un milieu malfamé. À l'adolescence, la jeune fille, tempétueuse, décide de fuir. Mais, très vite, elle se retrouve pensionnaire d'une maison close, peut-être le meilleur moment de sa triste existence. Pour l'amour d'un voyou, elle partira, mais ne cessera jamais d'être prostituée. Jusqu'au jour où elle assassine un soldat et sera menée en prison. Une geôle effrayante, tenue par des religieuses inhumaines jusqu'à sa condamnation à mort. Avec ce personnage dramatique, Edmond de Goncourt se plaît à dénoncer une société incapable de sauver les malheureux du pire. Depuis son éducation inexistante jusqu'à son inacceptable séjour en prison et sa mort annoncée, rien n'a jamais été fait pour sauver Élisa. Son destin était scellé d'avance. À sa parution, le roman fut décrié : trop noir, trop détaillé, trop réaliste sans doute. La Fille Élisa est, quoi qu'il en soit, un terrible réquisitoire applaudi par les lecteurs qui en firent un grand succès.

ANNA COUPEAU

Nana • Émile Zola • 1880

Elle est la fille de Gervaise et de Coupeau, protagonistes de *L'Assommoir*. Anna, dite Nana, est une demoiselle impertinente, légère, qui tombe enceinte à 16 ans. Pour nourrir son fils, Louis, elle se prostitue, devient même actrice (ses rôles consistent à se montrer nue) et devient une courtisane, une prostituée de luxe pendant le second Empire. Nana est l'un des personnages les plus célèbres de la série des Rougon-Macquart, mais aussi l'un des plus ambigus : cruelle avec les hommes, bonne parfois, difficile de juger cette femme qui subit une lourde hérédité : *« quatre ou cinq générations d'ivrognes »* la précèdent. Un sujet scandaleux en cette fin de XIXe siècle et d'un réalisme troublant. Émile Zola, chef de file du mouvement naturaliste, écrit le monde tel qu'il est et ne lésine pas sur les détails : la fin de vie de Nana, atteinte de petite vérole, en est la preuve. Le roman attise la curiosité de nombreux lecteurs et la vie mouvementée de la cocotte se vendra, le jour même de sa publication, à plus de 55 000 exemplaires.

ÉLISABETH ROUSSET

Boule de Suif • Guy de Maupassant • 1880

L'hypocrisie est le thème central de cette nouvelle, une des plus belles écrites par Guy de Maupassant. Boule de Suif est le surnom d'Élisabeth Rousset, jeune prostituée bien en chair, qui, en pleine guerre contre les Prussiens, fuit sa ville de Rouen envahie par l'ennemi. Dans la calèche qui doit la mener à Dieppe, s'installent commerçants, bourgeois et aristocrates. Tous la méprisent. Un officier prussien survient et exerce un chantage : s'il ne peut passer un moment avec la jeune femme, il refuse de les laisser partir. Boule de suif, outrée, refuse cet odieux marché, mais les passagers vont la persuader de se résigner. Ce texte magistral explore la bassesse de l'âme humaine, les préjugés d'une certaine société. Boule de Suif fera ce qu'il faut, malgré ses immenses réticences, pour sauver des individus ignobles, qui n'auront pas un geste, pas un mot pour la remercier. Triste monde, où le chacun-pour-soi est une manière de vivre, où une généreuse petite prostituée demeurera à jamais, aux yeux de bourgeois grotesques et inhumains, une méprisable fille de joie.

JEANNE LE PERTHUIS DES VAUDS

Une vie • Guy de Maupassant • 1883

Elle est jolie, elle est gentille, Jeanne. Enfant unique de petits nobles provinciaux, elle rêve, comme toutes les demoiselles, au grand amour. Il ne tarde pas à apparaître sous les traits de Julien de Lamare. Lui aussi est beau, lui aussi paraît sympathique. Mais la réalité est tout autre : dépensier, infidèle, avare, il se révélera un monstre d'égoïsme et de cruauté. L'histoire serait banale si Maupassant n'avait fait de sa douce et naïve protagoniste, une épouse soumise, incapable de se battre pour sauver ce qui lui reste de dignité. Jeanne est inoffensive, bien trop passive. Son instruction, très éloignée des réalités de la vie, ne lui a pas permis de se révolter contre la gent masculine. Elle acceptera tout de son mari, même de le voir la tromper avec Rosalie, sa sœur de lait et domestique. L'expérience et les drames ne lui auront servi à rien. Avec *Une vie,* Maupassant se veut alarmiste : l'inégalité des sexes qui règne au XIXe siècle, le manque d'éducation des jeunes filles ne peuvent mener qu'au désastre.

TESS D'URBERVILLE

Tess d'Uberville • Thomas Hardy • 1891

Victime de la société, victime des hommes, Tess d'Uberville vivra une longue descente aux enfers. Après avoir dû abandonner la ferme familiale pour rejoindre le village voisin où vivent une partie de sa famille, elle est séduite puis abusée par Alec, son cousin, un jeune dépravé, et tombe enceinte. L'enfant ne survivra pas mais c'en est fini de sa réputation. Car, dans l'Angleterre victorienne, puritaine et austère, c'est la pire des situations. Mais Tess refusera de mentir sur son histoire et devra subir, sa vie durant, la honte et la violence de son entourage, endurer l'injustice au quotidien, jusqu'au dénouement, tragique. Avec ces pages magnifiques, Thomas Hardy fustige les pseudos bonnes mœurs de l'époque, l'hypocrisie omniprésente. Tess d'Uberville devient soudain martyr, une héroïne moderne dans une époque qui ne l'est pas et qui tardera à le devenir. Douce, naïve, elle est pour les autres l'incarnation du pêché et personne, même celui qu'elle finira par épouser, ne réussira à lui pardonner une faute dont elle n'est pas coupable.

CÉLESTINE

Le Journal d'une femme de chambre
Octave Mirbeau • 1900

Gouailleuse, maligne comme un singe, Célestine rapporte dans son journal intime sa vie de petite bonne dans une famille de notables normands. Elle n'a ni sa langue, ni ses yeux dans la poche, observe avec attention, analyse la personnalité étrange de ces nouveaux maîtres, la patronne avare et autoritaire, le mari libidineux, ainsi que le palefrenier, Joseph, taiseux et antisémite notoire. Célestine sait comment s'y prendre avec cette bourgeoisie hypocrite qui exploite, autant qu'elle le peut, ses domestiques. Mais Octave Mirbeau n'est pas manichéen. Il n'y a pas les gentils pauvres et les méchants riches dans ce roman. Tous, sans exception, ont leurs tares, une inhumanité qui dépasse l'entendement ! Le scandale, à la parution du livre, n'a pu être évité. Pensez : une soubrette raconte tout ! Et ne prend pas de gants pour dénoncer la médiocrité de cette assemblée de petits-bourgeois. Quant à l'ambitieuse Célestine, elle usera de bien des stratagèmes pour escalader les échelons de la société et deviendra, qui l'eût cru, encore pire que ceux qu'elle n'a cessé de dénoncer !

CLAUDINE

Claudine à l'école • Colette • 1900

C'est une jeune fille pétillante et délurée. Claudine a 15 ans et raconte, dans son journal intime, sa vie scolaire dans le village de Montigny-en-Fresnois. Elle brosse de parfaits portraits de ses camarades et de ses professeurs, s'amuse parfois à les ridiculiser ou au contraire à les porter aux nues. C'est évidemment Colette qui se cache derrière sa protagoniste, c'est Colette qui raconte ses souvenirs adolescents. Poussée par son mari de l'époque, l'écrivain Willy (qui signera le livre sous son seul nom !), Colette s'en donne à cœur joie pour choquer son lecteur et n'hésite jamais à être transgressive. On croise des hommes libidineux avec le docteur Dutertre, des femmes bisexuelles, Claudine elle-même n'est-elle pas amoureuse de Mademoiselle Aimée, l'assistante de son institutrice ? Claudine, personnage ambigu, à la fois enfantine et indifférente aux préjugés, ne cessera de fasciner ses admirateurs. Colette, elle, ne s'arrêtera pas en si bon chemin et publiera quatre autres romans sur les aventures de cette malicieuse et scandaleuse demoiselle.

BERTHA LEY

Mrs Craddock • Somerset Maugham • 1902

Comment Bertha Ley, jeune fille de l'aristocratie britannique, intelligente et cultivée, a-t-elle pu s'amouracher d'Edward Craddock, son métayer ? Soit, il est beau, sympathique, viril, tout ce dont rêvent les demoiselles, surtout, Bertha, grande lectrice de romans d'amour. Elle l'épouse contre l'avis de tous et comprendra peu à peu son erreur. Oui, elle s'est trompée en croyant naïvement que ce terrien, plus amoureux de ses vaches que de son épouse, aurait quelque point commun avec elle. Mrs Craddock s'ennuie bien vite dans son foyer, elle, l'intellectuelle, férue de littérature et de musique, qui ne trouve aucun sujet de conversation avec son brave mari. Somerset Maugham, comme toujours, dépeint à la perfection les désillusions, et elles sont nombreuses, de son héroïne. Notre auteur est cruel, soit. Mais son humour « british » compense ses coups de plume mordants. Mrs Craddock est sans doute l'un de ses plus beaux personnages : une femme au destin décevant. Enthousiaste et rayonnante au début du livre, elle finit en femme désabusée, enfin prête à accepter la monotonie de sa vie.

LUCY HONEYCHURCH

Avec vue sur l'Arno • E. M. Forster • 1908

Il suffit parfois d'un voyage à Florence pour bouleverser une vie. Lucy Honeychurch est issue de l'aristocratie britannique du début du XXe siècle. Un milieu étriqué, choqué par tout et par rien : le jour de son arrivée en Italie, des compatriotes, M. Emerson et son fils George, lui proposent d'échanger leurs chambres d'hôtel, puisque celle de la demoiselle n'a pas de vue. Ce petit service bien anodin sera considéré comme extrêmement osé ! Pourtant, Lucy, durant ces quelques jours de villégiature, y verra plus clair : quelle est cette société qui juge et empêche, qu'un rien met en émoi ? Grâce à George et à sa liberté de penser, l'héroïne prendra conscience de son enfermement. Avec cette balade dans les milieux de la noblesse anglaise, E. M. Forster évoque un monde où chaque geste, chaque parole sont codifiés. Un monde où, une fois encore, les femmes n'ont pas leur mot à dire. Sauf si, comme Lucy Honeychurch, elles contestent énergiquement leur statut. Mais Lucy n'est qu'un personnage de roman…

ALISSA

La Porte étroite • André Gide • 1909

C'est une jeune fille vertueuse, entièrement tournée vers sa foi. Le bonheur, elle n'en veut pas, préférant vivre pleinement sa religion jusqu'à l'obsession. Ainsi, quand Jérôme, le cousin avec qui elle a grandi, avec qui elle a partagé ses lectures et ses jeux, s'éprend d'elle, Alissa ne sait comment répondre à son amour. Elle accepte le mariage, puisque toutes les jeunes filles doivent se marier, mais fera indéfiniment attendre son prétendant, qui tout à son attachement pour sa cousine, ne verra pas que Juliette, petite sœur d'Alissa, éprouve pour lui un amour sincère. Quant à Alissa, protestante exaltée, elle s'offre à Dieu de manière quasi mystique et refuse la facilité des joies terrestres. Elle s'éloignera de Jérôme, le retrouvera pour finalement ne jamais s'unir à lui et mourra, seule, abandonnée par celui qui aurait pu la sauver de ses tourments. Un personnage ô combien austère ! Jérôme découvrira plus tard le journal intime d'Alissa et comprendra son attirance pour le sacrifice et, étonnamment, l'amour bien réel qu'elle lui portait.

MARIE-CLAIRE

Marie-Claire • Marguerite Audoux • 1910

La publication de ce roman est le résultat d'une aventure extraordinaire. Marguerite Audoux, petite couturière de presque 50 ans, devenant peu à peu aveugle à force de travail, écrit ses souvenirs. Découvert par hasard, son livre, rebaptisé *Marie-Claire,* est préfacé par son plus fervent admirateur, Octave Mirbeau. En 1910, Marguerite Audoux reçoit le prix Femina. Que de chemin pour parvenir jusqu'à cette reconnaissance ! Marie-Claire (puisque c'est ainsi que s'appelle Marguerite dans l'ouvrage) perd sa mère et est confiée à l'orphelinat de Bourges. Elle y rencontre sœur Marie-Aimée qui la prend sous son aile. La mère supérieure, furieuse de ce favoritisme, fait placer l'héroïne dans une ferme en Sologne, où elle découvrira un nouvel univers : la pleine nature et des êtres inoubliables. Marie-Claire, c'est l'enfant dans toute sa pureté, n'exigeant jamais rien de personne, heureuse de ce qu'elle a, malgré un commencement de vie terrible. Sa candeur, son courage ont captivé toute une génération de lecteurs, plus de 100 000 exemplaires ont été vendus, mais, au fil des années, Marie-Claire, comme son auteur, tombera dans l'oubli.

FERMINA MÁRQUEZ

Fermina Márquez • Valery Larbaud • 1911

Tous ceux qui l'approchaient, tous ceux auxquels elle parlait, ceux qui jouaient avec elle formaient autour d'elle une sorte de cour d'amour… » Quand la ravissante Sud-Américaine de 16 ans, Fermina Márquez, fait son apparition devant le très chic lycée Saint-Augustin, les jeunes gens croient voir une apparition. Elle devient une espèce de muse pour ces garçons, et Joanny, qui souffre de ne pouvoir séduire les filles, veut même se venger de ses humiliations en tentant de la prendre dans ses filets. Il sera pris à son propre piège. Car Fermina n'est pas comme les autres : mystique, elle rêve de devenir une nouvelle sainte Rose de Lima, douce et gentille. Joanny tombera, lui aussi, amoureux d'elle. La jeune fille est un fantasme, un idéal féminin, celui d'adolescents qui ne connaissent rien à l'amour, mais un fantasme accessible : elle leur parle et ne se joue pas d'eux. *Fermina Márquez,* roman culte, grand livre des amours adolescentes, est largement inspiré de la propre jeunesse de Valery Larbaud au collège Sainte-Barbe de Fontenay-aux-Roses.

YVONNE DE GALAIS

La Grand Meaulnes • Alain-Fournier • 1913

C'est une histoire bien connue de tous : au cours d'une promenade, Augustin Meaulnes arrive par hasard dans un domaine où se déroule une fête féerique. Il aperçoit une jeune fille dont il tombe immédiatement amoureux. La jeune fille, c'est Yvonne de Galais, ravissante demoiselle au cœur pur, qui obsède d'autant plus le grand Meaulnes qu'elle disparaît. Elle devient alors un objet de désir inaccessible. Pourtant, Yvonne n'est pas un fantôme, c'est une terrienne, non un simple fantasme, une femme raisonnable, pas une apparition. Il la retrouvera, l'épousera, mais cette fois, c'est lui qui disparaîtra. La jeune femme ne se remettra pas de cet abandon. Un amour impossible ou plutôt contrarié qui ne durera qu'un temps. Yvonne meurt en couches sans avoir revu l'homme qu'elle aime. Ce personnage idéalisé a été inspiré à l'auteur par Yvonne de Quiévrecourt, rencontrée quelques années plus tôt. Quand il apprendra le mariage de la jeune fille, son désespoir le fera se jeter corps et âme dans l'écriture de son livre, prêtant les traits de sa dulcinée à cette héroïne unique et inoubliable.

ALBERTINE SIMONET

À l'ombre des jeunes filles en fleurs
Marcel Proust • 1918

Albertine est l'un des personnages clés de *À la recherche du temps perdu,* ouvrage culte qui, rappelons-le, comporte sept tomes. C'est à Balbec, où le narrateur passe ses vacances, qu'il aperçoit pour la première fois la jeune fille. Orpheline, Albertine est reçue dans les mêmes cercles que le narrateur, et il est très vite attiré par ses charmes. Il la comble de cadeaux, même si elle refuse tout d'abord ses avances. Finalement, ils vivront une histoire passionnée, faite de ruptures et de réconciliations. Albertine devient une héroïne presque fantasmée pour le narrateur. Seul problème, il est persuadé qu'elle lui ment : elle aurait des aventures avec des femmes, ses soupçons virent même à l'obsession. Ils vivront un temps ensemble… elle s'enfuira et il apprendra sa mort accidentelle lors d'une chute de cheval. Ce personnage féminin, à la fois soumis et révolté, va transformer peu à peu le protagoniste en jeune égoïste, jaloux et invivable. Albertine, elle, se montrera une femme libre faisant fi des convenances. Malgré leurs conflits, elle restera à jamais le grand amour du narrateur.

GERTRUDE

La Symphonie pastorale • André Gide • 1919

À la fin du XIXe siècle, un pasteur suisse rencontre pour la première fois Gertrude. Cette jeune fille de 15 ans, aveugle, ressemble à un petit animal sauvage. Recueillie par le pasteur, elle reçoit une éducation protestante, grandit dans un cadre familial et serein. Mais le pasteur comme son fils tombent amoureux d'elle. Si Gertrude est intelligente, elle ne voit la vie qu'à travers ce qu'on lui en dit. Le pasteur ne lui révèle jamais la réalité du mal, elle ne sait rien du péché, seulement les préceptes de la Bible qu'il lui enseigne. En recouvrant la vue, elle comprendra qu'elle a été trompée : son ignorance la protégeait du pire ; à présent, elle veut mourir. Peut-on être heureux en ne connaissant rien du monde, de la vie telle qu'elle est ? Gertrude est la preuve qu'on ne peut savourer le bonheur si on ne sait rien du malheur. *« Je ne tiens pas à être heureuse, je veux savoir. »* Tout est dit. Gertrude ne voit plus seulement avec ses yeux, elle voit de toute son âme. Le voyage vers la réalité sera une épreuve bien trop lourde pour Gertrude, qui n'y survivra pas.

RUTH MORSE

Martin Eden • Jack London • 1921

C'est une femme-enfant, une bourgeoise de la bonne société californienne, belle et cultivée. En tombant amoureuse de Martin Eden, un simple marin, autant dire d'un jeune homme d'une classe sociale très inférieure à la sienne, elle va au-devant de bien des déconvenues. Ruth Morse n'est au fond pas prête à tout pour Martin et rêve de le modeler en homme instruit, raffiné, tout ce qu'il n'est pas. Elle veut l'épouser, ils se fiancent, et Martin, pour les beaux yeux de sa belle, va s'élever intellectuellement. Trop peut-être, son instruction devient obsessionnelle. Son épouse veut faire de lui un notaire, lui n'aspire qu'à être poète et vivre de sa plume. Leurs manières de penser sont si différentes qu'ils ne parviendront jamais à construire ensemble un avenir. Ruth passera finalement après l'œuvre que Martin rêve de bâtir, et, quand elle reviendra vers lui alors qu'il est devenu un célèbre écrivain, il la repoussera. Ruth symbolisait pour Martin un monde inaccessible, et ce monde, qu'il a tant cherché à atteindre, lui paraît finalement profondément décevant.

MONIQUE LERBIER

La Garçonne • Victor Margueritte • 1922

Qu'une femme soit libre, indépendante, qu'elle n'ait pas besoin des hommes, quel scandale ! Monique Lerbier est sans doute la première héroïne de la littérature française du début du XXe siècle à ne pas agir selon les convenances. Libérée sexuellement, elle a des amants et des amantes, libertine parfois, refusant de se laisser enfermer dans le mariage, indépendante financièrement, cette demoiselle des Années folles est jugée immorale par son entourage, mais aussi par le petit monde des lettres outré par tant de débauche ! Le pauvre Victor Margueritte paiera cher le fait d'avoir écrit un tel roman. Pourtant, il ne dévoile qu'un secret de polichinelle : l'hypocrisie de la grande bourgeoisie, plus dépravée qu'elle ne veut bien l'avouer. Monique, c'est la garçonne à double titre. D'abord parce qu'elle porte les cheveux courts, ensuite parce qu'elle aime comme un garçon, ni plus ni moins. Mais la société de ces années 20 n'est pas encore prête à accepter cette conduite. Les lecteurs, pourtant, feront un triomphe à ce sulfureux roman… paru peut-être un peu trop tôt !

DAISY BUCHANAN

Gatsby le magnifique
Francis Scott Fitzgerald • 1925

Elle avait pourtant promis de l'attendre lorsqu'il serait mobilisé. Mais Daisy Buchanan a finalement épousé Tom, laissant le beau Gatsby à son désespoir. Ce n'est pourtant pas par impatience que Daisy s'est mariée, plutôt par amour de l'argent. Oui, la belle, la très glamour jeune femme est âpre au gain. C'est une femme fatale, en tout cas pour Gatbsy, qui fera tout pour la reconquérir, comme organiser de somptueuses fêtes dans l'espoir de la séduire à nouveau. Malheureuse en ménage, à cause d'un époux brutal et infidèle, elle paraît le plus souvent froide et mélancolique, mais ne quittera pas pour autant son riche mari. Au fond, Gatsby se trompe : la vraie Daisy n'est pas une créature idéale. Elle n'est qu'un fantasme inaccessible. Bien plus terrible qu'elle n'en a l'air, elle sera même capable de tuer sans sourciller sa rivale et de fuir. À la mort de Gatsby, elle ne daignera pas assister à ses obsèques. Jusqu'au bout, Daisy aura trahi le seul qui l'ait vraiment aimée, puis continuera à mener une vie conjugale des plus désastreuses.

CLARISSA DALLOWAY

Mrs Dalloway • Virginia Woolf • 1925

Il suffit d'une seule journée pour connaître et comprendre un personnage. Virginia Woolf raconte vingt-quatre heures de la vie d'une femme, Mrs Dalloway, élégante Londonienne de la bonne société. Clarissa, puisque c'est son prénom, même si tout le monde semble l'avoir oublié – aux yeux de tous, elle est Mrs Dalloway, l'épouse de son mari – va s'acheter des fleurs. Sur le chemin, elle se souvient. Du passé, l'époque où elle était heureuse, de sa rupture avec son seul et grand amour, de son mariage avec un autre, plus riche, plus stable. Et puis de sa vie actuelle où, sous des airs de grande bourgeoise épanouie, elle réalise la vacuité de son existence. *Mrs Dalloway* est, en creux, un roman féministe qui fustige l'enfermement des épouses, leur presque disparition dans la société. Mais que doivent-elles montrer à tous si ce n'est un visage heureux et impassible ? Comment se plaindre, quand on a tout ce qu'on désire ? Clarissa Dalloway, dans cette longue introspection, comprendra comme il est difficile de se livrer aux autres et devra accepter une solitude qui ne dit pas son nom.

GERMAINE MALORTHY, DITE MOUCHETTE

Sous le soleil de Satan • Georges Bernanos • 1926

Personnage de Georges Bernanos dans deux de ses romans : *Sous le Soleil de Satan* et *Nouvelle histoire de Mouchette*. Est-ce la même fille ? Dans le premier, elle a un nom, Germaine Malorthy, dans le second non. Pour l'histoire de la littérature, elle est Mouchette. Dans chacun des deux livres, cette jeune femme tourmentée, séduisante et inquiétante aux yeux des hommes, semble jouer sa vie et son salut : elle se donne au marquis de Cadignan, au docteur Gallet, au braconnier Arsène. Mais son comportement est toujours ambigu. Rebelle et fragile, elle défie l'abbé Donissan lui-même. Elle est guettée, saisie par le mal, c'est une âme livrée au monde et à son prince. Elle est l'image de la pureté sans cesse menacée, perdue, qui ne trouvera que dans la mort violente la voie de sa rédemption. Avec l'abbé Donissan, Mouchette forme un tandem qui résume la condition humaine selon Bernanos. Elle est son double au noir. Plus elle s'enfonce dans le désespoir, plus la sainteté du curé de Lumbres grandit, comme si elle était lui mystérieusement « nécessaire », au nom de la communion des saints.

THÉRÈSE DESQUEYROUX

Thérèse Desqueyroux • François Mauriac • 1927

Elle a tenté d'assassiner son époux, Bernard, de l'empoisonner. Mais il a survécu. Ce matin, elle sort de la cour d'assises où un non-lieu a été prononcé, son mari ayant retiré sa plainte. Elle est libre, mais doit retourner dans la propriété familiale où il l'attend. Durant le trajet en train, Thérèse Desqueyroux se souvient des raisons qui l'ont menée à ce geste monstrueux. Après une enfance heureuse, elle accepte un mariage de convenance. Très vite, sa vie conjugale est un désastre : elle est seule, ne connaît ni amour ni chaleur, jusqu'au jour où elle commet l'acte fatal. Thérèse n'espère même pas que Bernard lui pardonnera, elle veut seulement qu'il la comprenne. Mais l'accueil qu'il lui réserve est pire que ce qu'elle imaginait. François Mauriac s'est inspiré d'une histoire vraie pour écrire ce sombre roman. Il a, en effet, assisté au procès d'une épouse meurtrière. Fasciné par cette histoire, il décide de faire le portrait d'une femme à bout de souffle et dénonce une bourgeoisie froide et hostile, capable de briser à jamais les êtres vulnérables.

CONSTANCE CHATTERLEY

L'Amant de lady Chatterley
D. H. Lawrence • 1928

Pour ce roman, D. H. Lawrence sera jugé « pervers », et son livre condamné en Angleterre pour obscénité et pornographie. C'est dire comme *L'Amant de lady Chatterley* a longtemps été considéré comme scandaleux. Son héroïne, Constance, dite « Connie », est l'épouse de sir Clifford, revenu de la guerre paralysé et impuissant. Lors d'une promenade, elle rencontre le garde-chasse, Mellors, et devient sa maîtresse. Avec cette liaison, la jeune femme qui s'était peu à peu éteinte, reprend goût à la vie et découvre le plaisir charnel. Scandale donc, même doublement : non seulement, une femme mariée commet l'adultère et y prend goût, mais elle devient la maîtresse d'un *« homme des bois »,* d'une classe sociale bien inférieure à la sienne. Constance pourtant n'a rien d'un personnage obscène, au contraire. Elle symbolise le renouveau d'une Angleterre puritaine qui ose enfin se libérer, un hymne à la vie, un éveil à la sensualité. Enceinte de son bel amant, elle quittera tout pour lui. Encore une ignominie : contre toute attente, l'indécence a gagné !

ISABELLE DE CHEVERNY

Climats • André Maurois • 1928

C'est sûrement le plus célèbre des romans d'André Maurois, le plus beau sans doute. Isabelle de Cheverny n'apparaît que dans la seconde moitié du livre et, cette fois, c'est elle qui raconte. Précédemment, son mari Philippe Marcenat dévoilait son amour fou pour la ravissante Odile Malet, jeune femme frivole et un peu sotte, son mariage avec cette femme fragile, la jalousie qui ne cesse de le ronger. Après leur divorce, il épouse Isabelle de Cheverny, l'exact contraire d'Odile : aimante, stable, épouse parfaite. Dans une longue lettre écrite trois mois après la mort de Philippe, celle-ci relate ses années auprès de celui qui se venge de son premier mariage en faisant subir à sa nouvelle épouse autant de trahisons que d'humiliations. Isabelle de Cheverny est une femme qui souffre parce qu'elle aime sans retour, prête à accepter l'inacceptable, ressentant ainsi la même douleur que celle endurée par son mari avec Odile. André Maurois écrit ici le grand roman de la jalousie, de l'incompréhension dans le couple.

SÉVERINE SÉRIZY

Belle de jour • Joseph Kessel • 1928

C*e que j'ai tenté avec* Belle de jour, *c'est de montrer le divorce terrible entre le cœur et la chair, entre un vrai, immense et tendre amour et l'exigence implacable des sens »,* voici, en quelques mots, résumée l'histoire de ce roman par l'auteur lui-même. Séverine, issue de la grande bourgeoisie, aime tendrement son mari, Pierre, mais décide de se rendre dans une maison close pour s'y prostituer. Étrange comportement qui s'explique par la volonté de l'héroïne d'offrir seulement son âme à son époux et de donner son corps à d'autres. Séverine devient alors double, épouse amoureuse et prostituée, trouvant enfin l'harmonie qui lui manquait. Car plus elle est souillée, plus elle paraît heureuse, plus son amour pour son mari grandit. Une situation intenable qui virera peu à peu au drame. Dans l'adaptation au cinéma par Luis Buñuel, c'est Catherine Deneuve qui prête ses traits purs à Séverine, magnifiant plus encore cette héroïne qui fit scandale en 1928, à la parution du roman, et aussi quarante ans plus tard, à la sortie du film…

JANE MARPLE

L'Affaire Protheroe • Agatha Christie • 1930

U*ne vieille fille acariâtre, curieuse, sachant tout, entendant tout »,* c'est ainsi qu'Agatha Christie a défini miss Marple, devenue le personnage préféré de la romancière et celui de beaucoup de ses lecteurs. Héroïne de 12 romans et de 20 nouvelles, impossible d'échapper à cette petite dame, bien plus maligne qu'il n'y paraît. Miss Marple vit dans un petit village de la campagne anglaise, entourée de fleurs et d'odeurs de thé. Sa forte intuition, sa curiosité parfois excessive, son bon sens lui permettent d'élucider les énigmes les plus emberlificotées. Son aubaine ? Être au-dessus de tout soupçon, qui donc pourrait se méfier de miss Marple ? Et pourtant… Dans l'affaire Protheroe, sa première enquête, elle fait preuve d'un remarquable sens psychologique et dénoue une affaire criminelle de main de maître : on saura donc qui a tué de sang-froid le colonel Protheroe. Ajoutons qu'Agatha Christie, après la rédaction de ce roman, ne pensait pas faire de son détective amateur un personnage récurrent. On lui sait gré d'avoir changé d'avis !

CLAIRE CROUSE

Claire • Jacques Chardonne • 1931

La beauté de Claire, c'est elle-même. Claire est tout entière inscrite dans son visage et dans la forme de ses bras. Ce qui me plaît dans son esprit est visible sur ses lèvres. Je l'ai connue en la regardant. » Difficile de faire plus belle déclaration d'amour. C'est en ses termes que Jean, le protagoniste du roman, dépeint cette femme dont il tombe instantanément amoureux. Elle est la fille adultérine d'un de ses amis qui, avant de mourir, lui demande de prendre soin d'elle. Il ne manquera pas à sa parole et, fasciné par le mystère qui enveloppe la demoiselle, lui demandera sa main. Mais il ne percera jamais les secrets de Claire, jeune beauté renfermée, hésitante, fragile, pour qui le bonheur semble inaccessible. Bien vite, le couple ne se comprend plus. Jean est épris de liberté, Claire rêve d'une famille, ce sera la mort de l'amour. Jacques Chardonne fut pour beaucoup *« le romancier du couple »,* ce *« curieux assemblage de deux êtres, qui ne laisse personne en repos ».* Une fois encore, avec ce texte mélancolique et grave, il prouve qu'il en est l'un des plus formidables observateurs.

ISABELLE FONDAUDÈGE

Le Nœud de vipères • François Mauriac • 1932

Issue de la grande bourgeoisie catholique de Bordeaux, Isabelle Fondaudège se marie par devoir, et parce que ses parents l'y poussent, avec Louis, jeune avocat enrichi. Après quelques mois de bonheur, Isabelle avoue à son mari qu'elle a aimé avant lui un autre homme et qu'elle ne l'a épousé, lui, que par convention. Cet aveu sera un coup de tonnerre. Peu à peu, le couple se déchire. Et, malgré la naissance de leurs trois enfants, l'animosité ne fait que se renforcer. Isabelle paraît d'abord cruelle, mais il n'en est rien. Elle ne fait que subir un époux haineux et avare. Ce roman est celui de l'incompréhension, celui d'un homme blessé prêt à tout pour se venger et d'une femme qui attend un mot, un geste de la part de son mari pour redevenir l'épouse qu'elle fut un temps. Il sera trop tard quand elle lui avouera sa peine, elle mourra quelque temps plus tard. Louis, atroce bonhomme, se révélera tout autre à l'aube de sa mort. Et, quand ce nœud de vipères qu'était son cœur s'ouvrira enfin, il sera trop tard.

ELSA WIENER

La Passante du Sans-Souci • Joseph Kessel • 1936

Elle n'est d'abord qu'une silhouette. Le narrateur, attablé au bar du Sans-Souci, à Pigalle, observe chaque matin une femme passant devant lui. Fasciné, il l'aborde ; elle lui raconte son histoire. Elle s'appelle Elsa Wiener et vient de fuir l'Allemagne. Mais son mari s'y trouve encore, enfermé dans un camp. Elle a la garde d'un petit garçon, Max, rendu infirme par la cruauté des nazis. Pour survivre, elle danse, chaque soir, dans des cabarets. Personnalité mystérieuse, le narrateur tâche de mieux comprendre cette femme qui semble désespérée et soudain rayonnante. Qui est-elle vraiment ? Joseph Kessel, ne l'oublions pas, fut reporter de guerre. Avec ce roman, il fait d'Elsa Wiener un symbole, celui de l'entre-deux-guerres, alors qu'on ne sait pas encore l'horreur qui va s'abattre bientôt sur l'Europe. L'auteur est d'ailleurs le premier à faire référence aux camps de concentration dans un roman. Elsa, elle, perdra peu à peu pied et sombrera dans la déchéance. Le livre sera adapté pour le cinéma par Jacques Rouffio en 1982. Ce sera le dernier film de Romy Schneider.

ANDRÉE HACQUEBAUT

Les Jeunes Filles • Henry de Montherlant • 1936

Petite provinciale au physique ingrat, Andrée Hacquebaut débute une correspondance avec Costals, écrivain réputé, don juan notoire. C'est une femme intelligente, une intellectuelle. Costals réussira, par jeu, à la prendre entre ses griffes. Comme beaucoup d'autres avant elle, elle tombe amoureuse du grand homme, d'autant que celui-ci, plutôt que de la décourager, attise sa passion. Elle subira aussi sa froideur et sa cruauté. La demoiselle croit trouver le moyen de changer de vie et tente par tous les moyens de convaincre Costals qu'il l'aime en retour. Elle ne sait pas comme l'écrivain la manipule, par plaisir, par vice, par besoin de dominer toutes les femmes. Andrée en deviendra presque folle. Roman misogyne ? Simone de Beauvoir le pensait. D'autres y voient simplement une manière de dénoncer les stéréotypes des jeunes filles des années 30, et peut-être d'aujourd'hui, leur égoïsme, leur narcissisme, leur envie viscérale de mariage. Finalement, pour Montherlant, les femmes sentimentales ne valent pas mieux que les hommes cyniques.

SCARLETT O'HARA

Autant en emporte le vent
Margaret Mitchell • 1936

Faut-il encore la présenter ? Scarlett l'impétueuse, la capricieuse, l'enfant gâtée, jeune fille aussi insupportable qu'irrésistible ? Issue d'une riche famille de planteurs de Géorgie, elle est amoureuse depuis toujours de Ashley Wilkes qui lui préfère Mélanie. Elle fera tout pour le récupérer, sera odieuse avec la fiancée de son Ashley, se mariera par dépit avec le frère de cette dernière et rencontrera Rhett Butler... Si Scarlett est l'une des plus célèbres héroïnes de la littérature mondiale, c'est parce qu'elle est unique : odieuse soit, mais d'un courage à toute épreuve. En pleine guerre de Sécession, elle prend la tête du domaine familial ravagé, se bat comme une lionne pour sa survie, connaît les pires chagrins, comprend trop tard combien elle aime Rhett et finit seule mais déterminée, bien décidée à reconquérir celui qu'elle aime. Personnage éminemment moderne, indépendante et conquérante, elle n'a que faire du qu'en-dira-t-on et mène sa vie comme elle l'entend. Aujourd'hui, fustigée car jugée raciste, elle n'en demeure pas moins une formidable protagoniste.

REBECCA DE WINTER

Rebecca • Daphné du Maurier • 1938

Elle est l'héroïne du roman, mais n'est pourtant pas vraiment là. Rebecca est morte. Mais on ne parle que d'elle. Lorsqu'une jeune fille rencontre le beau Maximilien de Winter, veuf depuis peu, elle n'ose imaginer qu'il est attiré par elle. Et pourtant… Il lui demande sa main et la conduit à Manderley, sa propriété, où le fantôme de Rebecca, sa première femme disparue, est partout présent. Rebecca, la magnifique, Rebecca, l'élégante, idolâtrée par sa gouvernante, la terrible Mrs Danvers. La jeune femme, timide et craintive, si peu sûre d'elle, peine à trouver sa place dans cette demeure et est vaincue par cette concurrente bien trop sublime. Comment rivaliser avec Rebecca ? Daphné du Maurier s'amuse à jouer avec nos nerfs : elle met en scène un personnage mythique dont nous ne savons, au fond, que ce qu'on nous en dit. Qui est-ce ? Était-elle vraiment une créature sublime et sophistiquée ? Peu à peu, la vérité va éclater. La romancière réussit un exploit : créer un être de chair et de sang à partir d'un personnage qui n'est plus. Les morts sont parfois plus redoutables que les vivants.

EDITH DE KEKESFALVA

La Pitié dangereuse • Stefan Zweig • 1939

Lorsque dans un bal, le jeune officier Anton Hofmiller propose une danse à Edith Kekesfalva, il ne sait pas que sa vie en sera à jamais bouleversée. Car Edith ne peut répondre à sa proposition : elle est infirme. Anton, honteux de sa bévue, lui envoie des fleurs, vient lui rendre visite et, peu à peu, se rend indispensable auprès de la jeune fille handicapée. Au point qu'elle en devient follement amoureuse. Un amour sans retour, dont le jeune homme n'osera pas se défaire. Edith lui fait pitié comme elle fait pitié à tous. Elle devient une demoiselle capricieuse, irritable, aigrie, bien sûr, puisque « empêchée ». Plus elle aime Anton, plus elle le désire, plus il a peur... Il ne sait comment se débarrasser de cette passion sans blesser Edith. Il est enfermé dans un piège ; elle dans son fauteuil, privée des joies de l'existence, obligée de supporter la condescendance de son entourage. Anton est l'espoir qu'elle attendait, un espoir oppressant. La victime a changé de place, Anton l'a bien compris. Et l'histoire finira mal.

MARIA

Pour qui sonne le glas • Ernest Hemingway • 1940

Espagne, 1936. C'est la guerre civile. Robert Jordan, un universitaire américain, s'engage. Ce spécialiste en explosifs retrouve un groupe de guérilleros républicains et fait la connaissance de Maria. C'est le coup de foudre, une passion réciproque. Cette jeune femme d'une vingtaine d'années a été emprisonnée, violée, tondue par les franquistes. Traumatisée, elle revient peu à peu à la vie et renaît grâce à Jordan. Leur amour sera bref, ils savent tous deux que le temps leur est compté, il ne sera que plus intense. Maria a ce côté enfantin qui la rend irrésistible. Elle seule apporte un peu de tendresse dans ce monde violent, dans cette guerre brutale, elle est la seule lumière dans l'obscurité. Elle est même soumise à l'homme qu'elle aime et qui ne lui demande rien. C'est une Espagnole, une Latine, capable d'effectuer toutes les tâches, même les plus prosaïques, pour son bel amant. Maria lui promet même de l'achever s'il est blessé. Elle ne tiendra pas sa promesse. Ce sera l'ultime défaite de cet amour aussi ardent qu'éphémère.

LA VEUVE COUDERC

La Veuve Couderc • Georges Simenon • 1942

Elle a bien mérité de diriger sa ferme. Entrée chez les Couderc comme servante à l'âge de 14 ans, mariée à 17 ans au fils de la famille, aujourd'hui veuve, elle s'occupe de son domaine d'une main de fer. Elle croise un jour la route de Jean, séduisant jeune homme qui sort de prison, il devient son amant. Rien ne lui fait peur, à cette maîtresse femme terrienne et autoritaire. Pas même ses belles-sœurs qui tentent désespérément de récupérer la propriété. Pourtant, sous ses airs bravaches, « La Couderc » souffre de solitude. Jean, son exact contraire, est jeune et vient d'une famille bourgeoise. La veuve illettrée, qui prend de l'âge, va apaiser un temps les blessures du garçon. Mais la jalousie va s'immiscer dans ce drôle de couple. La veuve Couderc est aussi l'incarnation de la France profonde, celle d'une vie ardue, incompatible avec la modernité. Simenon, toujours précis et perfectionniste, décrypte les réactions de la veuve laide et dure, qui s'ouvre à des sentiments qu'elle ne soupçonnait même pas. Impénétrable jusqu'au bout, elle demeure l'un des plus troublants personnages du romancier belge.

ÉLISABETH DONGE

La Vérité sur Bébé Donge
Georges Simenon • 1942

Comment en est-elle arrivée là ? Comment a-t-elle pu, posément et en toute conscience, tenter d'empoisonner son mari ? Pourquoi ne nie-t-elle rien, accepte sans broncher son arrestation ? Plus personne ne comprend Élisabeth, dite « Bébé », femme de François Donge. Sa vie paraissait pourtant un long fleuve tranquille. Mais François, remis de la tentative d'assassinat, va tenter de questionner son couple. En racontant cette histoire, c'est toute une société que Simenon fustige : cette jeune fille raffinée, dont les parents sont ruinés, se marie par raison. Elle mène une vie monotone, presque lugubre. François la croit frigide, mais a-t-il eu seulement des gestes de tendresse pour elle ? Lui a des maîtresses, il en a même pléthore. Qu'importe, puisque Bébé semble n'en avoir que faire. Et si elle en souffrait, si, finalement, elle avait aimé François ? Lui qui n'éprouvait pour cette épouse froide et distante qu'indifférence, voilà qu'il se met à en tomber amoureux et à excuser son geste presque fatal. Mais Bébé Donge pourra-t-elle accepter de partager à nouveau la vie de son mari ?

BÉRÉNICE

Aurélien • Louis Aragon • 1944

« *La première fois qu'Aurélien vit Bérénice, il la trouva franchement laide.* » Drôle de première phrase qui ne résume en rien l'histoire de ce roman culte. Car, ces deux-là vont s'aimer, en tout cas, tenter de s'aimer. Elle a 22 ans, est mariée, vit en province. Au cours d'un séjour de quelques jours à Paris, elle rencontre Aurélien. Celui-ci tombe amoureux, et cet amour semble réciproque. À ceci près que la jeune femme, idéaliste, a le goût de l'absolu. Elle comprend vite qu'il n'en va pas de même pour Aurélien. Elle repousse ses avances, fait un pas vers lui, mais quand elle découvre qu'il est aussi un homme à femmes, elle s'enfuira et retournera chez elle. Lui, le mondain, le volage qui s'étourdit de soirées, ce traumatisé de la Première Guerre mondiale, s'effondre. Dix-huit ans plus tard, ils se rencontrent, et ces retrouvailles ne feront que confirmer ce qu'ils savaient déjà : leur amour était une illusion, seulement l'idée qu'ils se faisaient d'une passion. Pour Aragon, décidément, il n'y a pas d'amour heureux.

CHLOÉ

L'Écume des jours • Boris Vian • 1947

Il voulait tomber amoureux, il n'attendra pas longtemps. Dans une soirée, Colin aperçoit Chloé et l'invite à danser : *« Elle avait les yeux bleus. Elle agita la tête pour repousser en arrière ses cheveux frisés et brillants, et appliqua, d'un geste ferme et déterminé, sa tempe sur la joue de Colin. »* Bientôt, ils s'aiment et se marient. Mais sur le parvis de l'église, à la sortie de la messe de mariage, Chloé se met à tousser. Elle ne s'arrêtera plus. Chloé, la joyeuse demoiselle, est malade : un nénuphar se développe dans son poumon. Le couple entre en même temps dans le monde des adultes et dans celui de la tragédie. Leur vie bascule vers la noirceur : les fleurs, dont elle doit être entourée pour vaincre son mal, se fanent, l'appartement rétrécit, la mort rôde, l'amour ne gagnera pas… Boris Vian, qui a lui-même souffert de tuberculose, raconte avec ce roman proche du surréalisme un amour fou stoppé net par le destin. Chloé, incarnation de la femme idéale, doit son prénom à la passion de Vian pour le jazz : *Chloe* est, en effet, le titre d'une chanson arrangée par Duke Ellington.

PAULE REZEAU DITE FOLCOCHE

Vipère au poing • Hervé Bazin • 1948

Elle est la marâtre la plus célèbre de la littérature française. Paule Rezeau dite « Folcoche », c'est la mauvaise mère, l'horrible créature sortie d'un conte maléfique, une femme tyrannique, incapable de tendresse envers ses propres enfants. Hervé Bazin ne s'en cachait pas vraiment : cette mère cruelle, c'était la sienne. Dans ce roman plein de haine, Ferdinand et son frère Jean, surnommé « Brasse-Bouillon », n'ont pas vu leurs parents, partis vivre en Chine, depuis des années. Lorsqu'ils rentrent enfin chez eux, l'abord de Paule est plus que froid. Très vite, elle fait raser leurs cheveux, leur donne de la soupe au petit déjeuner, les oblige à accomplir des travaux harassants pour leur jeune âge. C'est bientôt la guerre entre celle qu'ils surnomment *« Folcoche »*, contraction de « folle » et « cochonne », et ces gamins maltraités. Ils tenteront par tous les moyens de se venger des sévices qu'ils subissent. *« J'entre à peine dans la vie et grâce à toi, je ne crois plus à rien ni à personne »,* dira Brasse-Bouillon. Ou comment dégoûter à jamais un gamin de l'espèce humaine.

MADAME DE

Madame de • Louise de Vilmorin • 1951

Ne cherchez pas : vous ne connaîtrez jamais le nom complet de Madame de, ni l'époque où se déroule l'histoire. Louis de Vilmorin l'a voulu ainsi. On sait, en revanche, que cette belle aristocrate, élégante et oisive, est irrésistible. Elle en a conscience et en joue avec malice. Mais son général d'époux est un homme indulgent. Et accepte volontiers les caprices de sa femme. D'ailleurs, il la gâte outrageusement. Pas assez sans doute : Madame de est endettée. Sans oser l'avouer à son mari, elle vend les boucles d'oreilles qu'il lui a offertes et prétend les avoir perdues. Débute une succession de quiproquos que ne font qu'accentuer les mensonges de la ravissante épouse. Mais un bel ambassadeur survient, et cette femme frivole devient personnage tragique. Le livre avait débuté comme une valse, mais bientôt, l'héroïne va connaître un immense chagrin que ni les diamants ni les visons ne pourront consoler. Elle se refuse d'abord à cet homme qui, elle le sait, la perdra, puis elle s'abandonne et ne s'en relèvera pas. Peut-on parler de morale ? Madame de sera, en tout cas, la seule et unique victime de cette tragi-comédie.

PAULINE DE THÉUS

Le Hussard sur le toit • Jean Giono • 1951

Pauline de Théus est un de ces personnages admirables comme les aimait Giono. C'est une jeune femme mariée à un marquis bien plus âgé qu'elle. Nous sommes en 1832, et, à Manosque, le choléra fait rage. Angelo, le héros du roman, vient d'y arriver et pénètre dans une maison qu'il croit vide. C'est, en réalité, celle de Pauline qui, plutôt que de le renvoyer, l'accueille et le nourrit, ne se souciant même pas du danger : Angelo pourrait apporter avec lui la maladie. Entre les deux jeunes gens, de longues conversations, une attirance évidente, mais un amour platonique. Pauline aime profondément son mari parti pour Gap. Elle est décidée à le retrouver ; pour sortir de la ville encerclée par l'armée, elle sera aidée par Angelo. Pauline n'a que 20 ans et déjà tous les traits d'une femme d'honneur. Une héroïne d'une fidélité absolue, qui n'a peur de rien ni de personne, prête à affronter tous les dangers pour retrouver l'objet de son affection. Elle incarne la loyauté et le courage dans un monde devenu fou.

KATHE

Jules et Jim • Henri-Pierre Roché • 1953

L'un est français, l'autre allemand. Ils s'appellent Jim et Jules et ils deviennent vite inséparables. Survient Kathe, sublime et libérée, ils l'aimeront tous les deux, elle les aimera aussi. Elle épouse Jules, mais bientôt le couple devient ménage à trois. Ce roman, passé complètement inaperçu à sa sortie, doit sa popularité au film de François Truffaut sorti en 1962. Kathe, Catherine dans le film, c'est, bien sûr, Jeanne Moreau, et son interprétation est si troublante qu'on ne peut imaginer ce personnage sous d'autres traits. Henri-Pierre Roché ne raconte ici rien d'autre que sa propre histoire, celle de ses relations avec Franz Hessel et avec son épouse, Helen Grund, parents de l'écrivain Stéphane Hessel. Helen, journaliste au tempérament passionné, il en fut éperdument amoureux et une amitié sincère le liait à Franz. Kathe est l'incarnation des femmes traversant la vie sans contrainte, sans peur des préjugés. Une héroïne moderne qui aime deux hommes et qui comprendra bientôt l'impossibilité de cette passion-là.

CÉCILE

Bonjour tristesse • Françoise Sagan • 1954

La jeune fille a 17 ans, soit un an de moins que l'auteur du roman. Françoise Sagan sait de quoi sont faits les rêves des demoiselles de son âge, connaît leur envie de grandir. Cécile a perdu sa mère et vit avec son père. Elle entretient avec lui une relation fusionnelle. Celui-ci a une maîtresse, Elsa, sympathique et drôle, avec qui Cécile s'entend à merveille. Mais surgit l'autoritaire Anne qui va vouloir régenter cette famille excentrique. Pourquoi un tel scandale à la parution de ce livre culte ? Cécile est une demoiselle libre, vivant comme l'adulte qu'elle n'est pas encore : elle sort, boit, devient la maîtresse du jeune Cyril. Dans les années 50, Cécile fait figure de dévergondée, loin de l'image un peu mièvre des adolescentes de l'époque. Françoise Sagan a sans doute donné beaucoup d'elle-même pour ce personnage plein de vitalité et pourtant mélancolique. Cécile est, aujourd'hui encore, cette héroïne qui ne sera pas punie comme la bienséance voudrait qu'elle le soit, seulement ébranlée par un sentiment qui lui était inconnu : la tristesse.

TANTE MAME

Tante Mame • Patrick Dennis • 1954

Inutile de chercher à comprendre pourquoi ce roman est culte. Il suffit de lire les premières pages : il est hilarant ! Et c'est en partie grâce à son héroïne, inspirée directement par la tante de l'auteur, une femme totalement excentrique, drôle et bienveillante. Quand son neveu d'une dizaine d'années, Patrick, se retrouve orphelin, sa tante Mame le recueille. Lui qui ne connaissait qu'un environnement austère, verra son existence changer du tout au tout. Car Tante Mame est une anticonformiste notoire, riche un jour, ruinée le lendemain, des amants à foison, optimiste, noceuse, flamboyante même sans un sou en poche. Patrick recevra la meilleure des éducations, sa tante lui offrant la clé de son éternel optimisme : la vie vaut la peine d'être vécue si on en fait un jeu. Soyons heureux quoi qu'il arrive. Les aventures de Tante Mame seront adaptées d'abord pour une comédie musicale à succès, puis pour un film. Belle revanche pour Patrick Dennis qui s'était vu refuser son manuscrit par une douzaine d'éditeurs, insensibles, semble-t-il, à l'humour décapant de cette drôle de dame !

EMILIA MOLTENI

Le Mépris • Alberto Moravia • 1954

Son mari, Roberto, l'aime passionnément, mais réalise que la réciproque n'est plus vraie. Emilia est une belle jeune femme dont l'indifférence soudaine provoque chez son mari un trouble grandissant. A-t-elle fini de l'aimer ? Ils partent tous deux pour Capri après qu'un producteur et un réalisateur ont engagé Roberto pour écrire le scénario du film qu'ils vont tourner dans l'île italienne. Qui est Emilia ? Une femme instinctive, à la recherche de stabilité, de protection, qui soudain, ressent, pour celui qu'elle croyait follement aimer, du mépris. Elle qui avait foi en l'amour indestructible, découvre, après deux ans de mariage, les travers de son mari, ses imperfections, ses faiblesses. Emilia est incapable de révéler la vérité à Roberto ; il va alors chercher à comprendre. Une vérité qu'elle finira par avouer et qui provoquera un terrible drame. Moravia explore le couple, ses mystères et ses abîmes dans ce roman empreint de mélancolie. Il sera adapté en 1963 par Jean-Luc Godard avec, on s'en souvient, Brigitte Bardot prêtant sa sensualité à ce beau personnage de femme.

DOLORES HAZE

Lolita • Vladimir Nabokov • 1955

Il aime les nymphettes, les très jeunes filles. H. H. avait été amoureux de Nancy, il tombera en arrêt devant Dolores, Lolita pour les intimes. Intimes, ils le deviendront, une histoire impossible, démoniaque, entre cet homme de 37 ans et cette gamine de 12 et demi. Le roman, qui choquera le monde entier à sa parution, sera bien sûr censuré. Vladimir Nabokov n'y va pas par quatre chemins pour raconter cette passion interdite que porte H. H. à Lolita, la gamine n'éprouvant qu'une vague affection intéressée pour cet homme de trois fois son âge. Pour ne jamais la voir partir, il la kidnappe, et les voilà partis tous deux pour un voyage étrange, malsain. Si Lolita ne résiste pas à une relation sexuelle en échange d'un peu d'argent de poche, elle demeure une enfant, bien moins provocante qu'on ne le dit. Un sujet très actuel sur le rapport au consentement, ce pouvoir des hommes sur les très jeunes filles — que l'auteur est le premier à fustiger. Car pour lui, Lolita n'est définitivement pas une perverse, seulement une victime.

ANGÉLIQUE DE SANCÉ DE MONTELOUP

Angélique, marquise des Anges

Anne et Serge Golon • 1957

Son prénom résonne dans le cœur des jeunes filles des années 50 comme celui de l'héroïne romanesque par excellence ! Au XVIIe siècle, Angélique, la marquise au grand cœur, refuse d'abord d'épouser ce Joffrey de Peyrac qu'on lui impose, puis tombe follement amoureuse de lui. Lorsqu'il est condamné à mort par le roi, Angélique, désespérée, doit survivre avec ses deux enfants. Commencent pour elle des péripéties extraordinaires… et abondantes. La série des Angélique réunira, en tout, 13 tomes ! Cette héroïne d'une grande beauté, traçant sa route malgré les épreuves, les manigances, voire la violence de ses ennemis est un personnage entier, d'une fidélité à toute épreuve. On l'a beaucoup moquée, l'accusant d'être mièvre et un peu trop sentimentale. On oublie que ses auteurs n'ont pas ménagé leur peine, donnant à ces aventures une certaine dimension historique. On y croise, en effet, des personnages ayant existé, des événements réels. Les romans, adaptés au cinéma dans les années 60, avec la belle Michèle Mercier dans le rôle-titre, n'ont fait qu'accroître sa popularité.

LARA ANTIPOVA

Le Docteur Jivago • Boris Pasternak • 1957

Au tout début du XXe siècle, en Russie, Lara vit avec sa mère et son frère. L'avocat Komarovski, sorte de protecteur de cette famille démunie, deviendra bientôt l'amant de Lara, malgré le mépris de la jeune fille à son égard. Celle-ci, sauvage et sensuelle, finira par épouser le jeune Pavel, un révolutionnaire qui partira se battre pour ses idéaux. Lara rencontre Iouri Jivago et tombe amoureuse de ce médecin, heureusement marié à Tonia, son amie d'enfance. Relation adultère, relation passionnée, les deux amants traversent la révolution russe, des années frénétiques qui ne feront qu'attiser leur amour. Personnage symbolique, Lara incarne le courage, mais aussi la vitalité dont Jivago a plus que jamais besoin. Lorsqu'il devra la laisser partir pour mieux la protéger, il deviendra fou. Lara, immortalisée à jamais par Julie Christie dans le film de David Lean, fut inspirée à Pasternak par sa propre maîtresse, Olga Ivinskaïa, une femme de vingt ans sa cadette, avec qui il entretiendra des années durant une relation passionnée.

HOLLY GOLIGHTLY

Petit déjeuner chez Tiffany • Truman Capote • 1958

Il faudrait oublier un instant la silhouette d'Audrey Hepburn. La Holly du roman est bien plus « dure à cuire », comme le disait Truman Capote lui-même. C'est une jeune femme de province, « montée » à New York, pour mener la grande vie. Pour y parvenir, Holly commence par se prostituer. Originale, amusante, farfelue, elle s'étourdit de fêtes et de champagne, entourée d'une foule d'amis venus d'on ne sait où. Elle s'imagine épousant un milliardaire, mais la belle est déjà mariée, et son époux n'est qu'un brave homme qu'elle tente d'effacer de sa mémoire. La jeune femme n'arrivera finalement pas à mener l'existence qu'elle espérait de toutes ses forces. Et, contrairement à la fin du film de Blake Edwards, elle disparaîtra, un jour, sans laisser de trace. Holly est un personnage bien plus tragique qu'on ne le croit. Elle incarne à elle seule toutes les demoiselles d'origine modeste débarquant pleines d'illusions dans la « Grosse Pomme »… et rêvant de splendeur, de glamour et découvrant trop tard la cruauté de la vie.

ZAZIE

Zazie dans le métro • Raymond Queneau • 1959

Le pitch du roman peut tenir en une phrase : une petite fille du Berry débarque à Paris et rêve de prendre le métro. Mais voilà, c'est Queneau qui raconte, Queneau et son langage si particulier. Zazie n'a qu'une dizaine d'années et parle beaucoup, la retenue n'est pas son fort. Incroyablement mature, elle râle (le métro est en grève), fait une fugue, s'accroche avec les adultes avec un aplomb déconcertant. Une gamine aux antipodes des personnages d'enfants dans la littérature : Zazie est mal élevée, souvent grossière, ne respecte rien ni personne, mais elle est si maligne qu'on lui pardonne tout. Dans cette longue balade parisienne, Zazie rencontrera de drôles de personnages, parfois même surréalistes, mais ne se laissera pas impressionner. Ce qui fait de Zazie une héroïne si populaire, c'est aussi sa façon de déformer les mots. Raymond Queneau lui fait employer un jargon de son invention : « le néofrançais », mélange d'argot, de langue parlée, d'orthographe phonétique. Et Zazie, avec sa gouaille légendaire, en est le meilleur porte-parole.

NINA KACEW

La Promesse de l'aube • Romain Gary • 1960

Elle est l'amour maternel. Un amour exclusif, absolu, étouffant aussi. Romain Gary raconte, dans l'un de ses plus beaux livres, sa relation avec celle qui l'a élevé, sa mère Nina. Russe, ancienne comédienne, abandonnée par son mari, elle élève seule son fils unique, Roman, en Pologne. Pour Roman, rien ne sera jamais assez beau, aucun sacrifice trop lourd. Elle ne vit que pour lui, et cette passion dévorante, sera tour à tour pesante et déterminante. Elle est ambitieuse pour lui, à travers lui et, pour la rendre fière, il deviendra un homme brillant : officier, compagnon de la Libération, diplomate… Roman autobiographique : Nina, qui s'appelait en réalité Mina, élève son fils dans la passion de la France et de son histoire — il sera Victor Hugo ou rien ! Malgré ses exigences, sa démesure, Nina demeure l'un des plus beaux personnages de mère dans la littérature, celles qui tourmentent, celles qui stimulent, celles qui influencent une vie et forgent un destin.

FRANNY GLASS

Franny et Zooey • J. D. Salinger • 1961

Ce roman en deux parties (la première consacrée à Franny Glass, la seconde à son frère aîné Zooey) relate les malheurs de Franny, jeune fille issue de la bonne société new-yorkaise. Elle est étudiante, aime le théâtre et, comme son frère, est une enfant précoce. Alors qu'elle déjeune avec son petit ami, Lane, elle est victime d'un malaise. Lane tentait de l'impressionner en lui racontant son brillant travail universitaire, mais Franny était ailleurs, loin de ces vains discours. Elle réalise que le monde qui l'entoure, peuplé d'égocentriques et de beaux esprits simplistes, la dégoûte. Franny préfère, depuis quelque temps, s'échapper du réel et suivre à la lettre les préceptes d'un manuel prônant la prière perpétuelle, un ouvrage qui l'entraîne dans une profonde dépression. Franny, c'est l'adolescente telle que la voyait Salinger, déambulant dans un environnement étouffant, un univers qui la pétrifie. Elle cherche seulement sa place, et il faudra toute la patience de son frère pour, dans la seconde partie du livre, la sauver de ses angoisses existentielles.

RATCHED

Vol au-dessus d'un nid de coucou

Ken Kesey • 1962

D'un seul regard, elle est capable de vous faire détester à jamais les hôpitaux. L'infirmière Ratched est une espèce de monstre d'autoritarisme, violente et sans cœur. Et ce ne sont pas les patients de l'établissement psychiatrique Salem State Hospital où elle sévit qui diront le contraire. Ratched décide de tout sous l'œil conciliant de ses supérieurs. « Big Nurse », comme on la surnomme, domine son monde du haut de son mètre quatre-vingts. Seul Randle McMurphy, un criminel qui simule la folie pour éviter la prison, ose se mesurer à elle. Il le regrettera… Pour le punir de ses incartades, elle lui fait subir un traitement par électrochocs ! L'auteur du roman a, un jour, raconté que Ratched lui avait été inspirée par une véritable infirmière rencontrée jadis. Il a dû, nous l'espérons, exagérer les traits de son personnage pour en faire cette créature implacable ! La comédienne Louise Fletcher, l'interprète de Ratched pour le film de Milos Forman, adapté du roman, a marqué les esprits, même les plus blasés, et a reçu pour ce rôle l'oscar de la meilleure actrice.

MANON CADORET

Manon des sources • Marcel Pagnol • 1963

La belle Manon aux cheveux d'or et aux yeux couleur de mer est la fille de Jean de Florette. C'est aussi une jeune bergère de 15 ans qui n'a confiance en rien ni en personne, seulement en ses brebis. Le père qu'elle a tant aimé est mort accidentellement quelques années plus tôt, et elle ne se remet pas de ce drame. Manon sait que son voisin Ugolin et l'oncle de celui-ci, César Soubeyran, dit le « Papet », ont mené à sa perte Jean de Florette en lui refusant le droit de faire prospérer ses terres. À présent, elle rêve de faire justice. Incarnation de la beauté provençale, Manon est aussi une déesse vengeresse, une sauvageonne mutique, pleine de ressentiment, une héroïne courageuse, capable du pire. Elle se vengera de tous en bouchant d'abord l'ouverture de la source alimentant le village, puis en se refusant violemment à Ugolin qui l'aime passionnément au point d'aller se suicider pour elle, non sans lui avoir légué sa fortune. Manon l'insoumise finira par pardonner, épousera l'instituteur du village et dira définitivement adieu à ses chères collines.

ANNE

L'Astragale • Albertine Sarrazin • 1965

Héroïne tragique et romancière au destin dramatique, Anne et Albertine Sarrazin ne forment qu'une même et seule personne. Car ce roman, qui connut un immense succès à sa parution, est largement autobiographique. Tout comme Anne, Albertine Sarrazin est allée en prison, et tout comme Anne, elle est tombée amoureuse de Julien, lui-même repris de justice. C'est d'ailleurs l'histoire de leur amour impossible qui nous est contée ici. Anne a 19 ans quand elle s'évade de prison. En sautant le mur de la maison d'arrêt, elle se casse un petit os de la cheville, l'astragale, puis elle rencontre Julien qui bouleversera sa vie. Celui-ci se fera à nouveau incarcérer et, en attendant son retour, elle se prostitue pour survivre. Anne est un personnage prêt à tout, une passionnée, haute en couleur, drôle parfois, obstinée et jamais découragée. Son langage, à la fois poétique et fleuri, truffé d'argot, est aussi libre qu'elle. Albertine Sarrazin mourra deux ans après la parution de ce roman culte, des suites d'une opération des reins mal préparée. Elle avait 29 ans.

HÉLÈNE

Les Choses de la vie • Paul Guimard • 1967

Sois prudent, ne roule pas trop vite… » sont les dernières paroles adressées par Hélène au narrateur. Il ne l'écoutera pas et sera percuté par une bétaillère quelques heures plus tard. Difficile de ne pas penser à Romy Schneider dans le film de Claude Sautet lorsqu'on évoque ce personnage, une femme amoureuse, qui sent confusément son amant se détacher d'elle. Hélène est la maîtresse, celle pour qui le héros a quitté sa femme et son fils. Elle sait que sa relation avec Pierre est ténue, qu'il pense encore à sa famille, que sa culpabilité est immense. Ce qu'elle ne sait pas, c'est qu'effectivement, il veut la quitter. Il le lui a écrit, mais la lettre de rupture est toujours dans sa poche. Tandis qu'il gît sur le bas-côté en attendant les secours, Pierre pense à Hélène, et il regrette… Non, il ne peut pas vivre sans elle. Il faudra qu'il le lui dise, lui qui n'a jamais su communiquer, ni avec elle ni avec les autres. Hélène, c'est la femme entière, celle qui ne partage pas. Elle sera aussi un symbole : celle des remords, de la mélancolie, des erreurs commises par un homme qui aimerait remonter le temps.

ARIANE DEUME

Belle du Seigneur • Albert Cohen • 1968

Elle est la beauté incarnée. Ariane, personnage culte, fascinant pour les uns, horripilant pour les autres, est la protagoniste de l'un des romans les plus lus dans le monde. Cette belle aristocrate d'origine suisse mène une vie quelque peu monotone : mariée à Adrien Deume, fonctionnaire belge, jeune arriviste sans grand intérêt, elle rencontre Solal des Solal qui, immédiatement, veut la faire sienne. Solal, sous-secrétaire à la SDN, personnage séducteur, cynique et mystérieux va bouleverser sa vie. Ariane est obsédée par son amour pour Solal, ne pense qu'à lui, qu'à travers lui. Elle lui est entièrement soumise et veut à n'importe quel prix incarner la perfection, l'idéal. On est loin de la femme émancipée, elle est même tout le contraire. Ils quitteront tout pour fuir dans le sud de la France, y vivront reclus, tout à leur passion, mais ils verront, malgré leurs efforts, leurs sentiments s'émousser et leur relation devenir médiocre. Il n'y aura pas d'autre issue que le suicide. Avec *Belle du Seigneur,* Albert Cohen livre un portrait terrifiant de l'amour absolu.

IDA RAMUNDO

La Storia • Elsa Morante • 1974

Dans l'Italie des années 40, Ida Ramundo, veuve de 37 ans et mère d'un enfant de 13 ans, se fait violer par un soldat allemand. De cette relation forcée, naîtra un enfant Useppe, petit garçon lumineux qui grandira dans un monde terrifiant. À travers le personnage d'Ida, Elsa Morante raconte la grande histoire de l'Italie, celle des années noires, du fascisme, du chaos. Cette femme ordinaire, institutrice, à moitié juive, subira les effets de cette inimaginable période et voudra protéger coûte que coûte son merveilleux Useppe. La terreur d'Ida, c'est celle des milliers de Juifs italiens raflés, condamnés à partir vers les camps. Car, bien que baptisée, Ida a peur pour sa vie tout en étant fascinée par le ghetto où survit un peuple en voie d'extermination. C'est surtout une « Mère Courage » qui n'a d'autre préoccupation que de trouver un abri, de quoi nourrir son enfant, une victime, comme des milliers d'autres, de soldats sanguinaires. Avec *La Soria,* Morante a livré un témoignage puissant sur les horreurs du nazisme.

KATHARINA BLUM

L'Honneur perdu de Katharina Blum
Heinrich Böll • 1974

C'est une femme sans histoire. À 27 ans, Katharina Blum, gouvernante chez un avocat, s'ennuie un peu. Lors d'un carnaval, elle est séduite par un inconnu, Ludwig Götten, et passe la nuit avec lui. Elle ne sait pas qu'elle a eu affaire à un délinquant. Le lendemain matin, l'homme est parti, mais la maison est prise d'assaut par la police, qui embarque la jeune femme. Des photographes prennent des clichés de son arrestation, et, en moins de quatre jours, sa réputation est mise à sac. Katharina Blum devient la victime d'une presse avide de scandale, prête à tout pour obtenir un scoop. Le romancier connaît bien le désarroi de son héroïne : il avait lui-même été la proie des journaux à sensation lorsqu'il avait écrit une série d'articles dénonçant leurs procédés. Katharina, perdue et humiliée, n'hésitera pas à tirer à bout portant sur le journaliste qui a violé son intimité. Car elle a changé : de jeune femme réservée, elle est devenue guerrière. En refusant de laisser impuni l'opprobre dont on l'a couverte, elle dénonce haut et fort un système médiatique devenu obscène.

MADAME ROSA

La Vie devant soi • Émile Ajar • 1975

Au sixième étage d'un immeuble parisien, vit Madame Rosa. Cette vieille femme accueille, dans son petit appartement, une ribambelle d'enfants, la progéniture de ses amies prostituées. Madame Rosa, elle-même, il y a fort longtemps, a pratiqué le plus vieux métier du monde. Derrière la façade tendre et sereine de Madame Rosa, demeurent pourtant de vieux fantômes qui viennent parfois la visiter. Car depuis sa libération d'Auschwitz, elle vit dans la peur. Peur de devoir se cacher de nouveau, peur d'être arrêtée, raflée, parquée au Vél'd'Hiv, comme elle le fut déjà. C'est Momo, petit Maghrébin avec qui elle entretient une relation privilégiée, qui raconte l'histoire de cette femme généreuse, malade aussi, mais écartant l'idée même d'être emmenée à l'hôpital : elle veut mourir chez elle quand elle le décidera. Pour ce merveilleux roman, Émile Ajar reçoit le Goncourt. Ce sera la deuxième fois pour cet auteur : en effet, on apprendra par la suite que le mystérieux Ajar n'est autre que Romain Gary (de surcroît, pseudonyme de Romain Kacew), déjà lauréat du prestigieux prix pour *Les Racines du ciel*.

ÉLIANE

L'Été meurtrier • Sébastien Japrisot • 1977

Dans les années 60, débarque dans un village de la montagne provençale une famille : le père handicapé, Gabriel, la mère d'origine autrichienne, surnommée Eva Braun, leur fille, Éliane. « Elle » pour les intimes, pour tous les villageois qui sont vite subjugués par cette demoiselle sensuelle, mystérieuse, impertinente. Elle et ses secrets, sa soif de vengeance, Elle, qui fut violée et ne se remet pas de son traumatisme. Éliane séduit le gentil pompier Pin-Pon, jeune homme timide et pas très sûr de lui. Il comprendra trop tard que la passion mène parfois au drame. Elle, c'est une petite fille dans un corps de femme, une gamine perdue, en grande souffrance, qui ne montre aux autres que ce qu'elle veut bien dévoiler. Son corps fait fantasmer, son arrogance intimide, mais cette caricature de pin-up cache tant d'autres souffrances. Avec ce roman sombre et tragique, Sébastien Japrisot écrit l'un de ses meilleurs livres. On se souviendra longtemps d'Isabelle Adjani, aguicheuse dans ses tenues légères, incarnant dans le film de Jacques Becker une victime de la violence des hommes.

SOPHIE ZAWISTOWSKI

Le Choix de Sophie • William Styron • 1979

Héroïne complexe et tragique… impossible d'oublier Sophie Zawistowski. Si William Styron est devenu un écrivain de légende, il le doit en partie à ce personnage, cette jeune femme pétrie de culpabilité, qui ne pourra jamais se remettre du choix qu'elle a dû faire. Nous sommes au lendemain de la dernière guerre, aux États-Unis. Stingo, jeune aspirant écrivain, rencontre ses nouveaux voisins, un couple d'originaux : lui génial, elle attirante, Nathan et Sophie. Extravagante, soumise à son amant, Sophie fascine Stingo, mais il comprend bientôt qu'elle ne lui dit pas toute la vérité. Un jour pourtant, elle lui raconte l'indicible : catholique polonaise, elle est arrêtée pendant la guerre pour avoir fait du marché noir. À son arrivée au camp d'Auschwitz avec ses deux enfants, un soldat nazi lui demande de choisir lequel des deux elle veut sauver. Sans réfléchir, elle désigne son fils, sacrifiant ainsi sa petite fille. Sophie, la survivante, ne pourra jamais se délivrer de son dégoût d'elle-même ; elle incarne à elle seule les victimes de la sauvagerie nazie.

LÉA DELMAS

La Bicyclette bleue • Régine Deforges • 1981

Ce fut un succès foudroyant, malgré la polémique — ou à cause d'elle. Régine Deforges ne s'en est pourtant jamais cachée : Léa Delmas est bien le double de Scarlett O'Hara. Tout comme celle-ci, elle aime ses terres, son voisin un peu mou, Laurent, qui lui en préférera une autre. Ces similitudes, pourtant amusantes et ingénieuses, ont valu à l'auteur un procès ! Léa Delmas est un personnage à part entière : si, à l'image de Scarlett, elle est sauvage et têtue, courageuse dans l'épreuve, c'est aussi une jeune femme moderne, menant sa vie comme elle l'entend, choisissant ses amants selon son bon vouloir. En cet été 1939, la belle harmonie de son existence sera à jamais brisée par la guerre ; elle bataillera dur pour survivre à la débâcle, à l'exode, à l'Occupation. Elle rencontrera son Rhett Butler en la personne de François Tavernier, homme mûr, un rien cynique, qui aura fort à faire avec la demoiselle. La romancière ne s'arrêtera pas là : elle publiera neuf autres tomes des aventures de la rousse et flamboyante Léa.

BILLY

Frank et Billy • Laurie Colwin • 1982

On ne peut faire plus dissemblables. Frank, 50 ans, marié, père de famille, est un intellectuel, charmant et élégant. Billy en a trente ; c'est une jeune femme un peu maussade, un peu désabusée, mariée elle aussi. Ce roman est l'histoire d'un drôle d'adultère — ou comment deux êtres que tout oppose vont s'aimer, puis se quitter sur la pointe des pieds. Billy n'est pas une séductrice et n'a d'ailleurs rien fait pour plaire à Frank. Lui, qui aime les femmes stylées, pleines d'esprit, tombe amoureux de cette petite créature mal fagotée, haïssant les mondanités, préférant la quiétude de son appartement. Elle aime son mari et elle aime Frank, qui tente vainement de la bousculer, tandis qu'elle ironise sur sa manière de vivre. Laurie Colwin dresse le portait d'une jeune femme pleine d'humour et de mélancolie, pétrie de culpabilité, un peu passive aussi. Cette histoire n'aurait jamais dû avoir lieu, elle existe pourtant. Ils se quitteront comme ils se sont aimés, sans drame. Demeurera à jamais la nostalgie d'une rencontre improbable mais inoubliable.

DEFRED

La Servante écarlate • Margaret Atwood • 1987

Imaginez une Amérique devenue théocratie puritaine. La République de Gilead est une dictature inhumaine, un monde de violence où faits et gestes sont surveillés. Defred est ce qu'on appelle ici une *« servante »*. Elle doit son nom à son patron, un commandant, Fred Waterford ; elle lui appartient corps et âme. Son rôle, comme celui de toutes les femmes en âge de procréer, est d'offrir un enfant dans cet État où la fertilité décline. Au cours de la « cérémonie », Fred doit la féconder. Ce système surréaliste se répète chaque mois. Defred raconte : les femmes traitées comme des animaux, les exécutions sommaires, l'impossible rébellion. Defred, elle, ne se révoltera d'abord que par la pensée. On veut lui faire perdre son identité ? C'est mal connaître cette héroïne tenace, courageuse, pourtant écrasée par la tyrannie régnante. En lui donnant la parole, la romancière Margaret Atwood veut nous mettre en garde : le droit des femmes, si durement acquis, pourrait-il être remis en question ? Pourrions-nous bientôt être tous dépossédés de notre liberté ?

LISBETH SALANDER

Millénium • Stieg Larsson • 2005

Avec ses tatouages, ses piercings, sa bisexualité, sa solitude choisie, Lisbeth Salander est devenue l'un des personnages cultes des années 2000. S'il émane de la jeune femme une aura inquiétante, elle est surtout une hackeuse extraordinaire, capable de démasquer et de manipuler qui elle veut quand elle veut à l'aide d'un simple ordinateur. Elle fera équipe avec le journaliste Mikael Blomkvist, et leurs aventures feront l'objet de six ouvrages, tous des best-sellers. Lisbeth a un passé lourd, un caractère sombre, c'est une asociale dotée d'une intelligence hors du commun. Ses talents seront indispensables à Blomkvist quand il rouvrira une enquête sur la disparition d'une jeune fille intervenue quarante ans plus tôt. En réalité, Lisbeth casse les codes des héroïnes proprettes auxquelles nous sommes habitués. Sa personnalité complexe, sa « virilité » assumée détonnent, déstabilisent même. Stieg Larsson ne saura jamais que sa Lisbeth est devenue une star. Il est mort en 2004, un an avant la parution de *Millénium*.

SOMMAIRE

SOMMAIRE

SOMMAIRE

SOMMAIRE

DÉJÀ PARUS, DANS LA COLLECTION DES « 100 »

Les 100 Choses à avoir faites au moins une fois dans sa vie à Paris
(*Figaroscope*, 2013)

100 Pièges à éviter pour écrire et parler un excellent français
(*Le Figaro littéraire*, 2014)

100 Choses à avoir faites au moins une fois dans sa vie à Paris avec ses enfants
(*Figaroscope*, 2014)

100 Bonnes & Mauvaises Manières à connaître dans la vie
Le Guide du bien élevé
(*Le Figaro*, 2015)

Les 100 Citations et locutions pour ne pas perdre son latin
(*Le Figaro littéraire*, 2015)

100 Expressions héritées de l'Histoire
(*Le Figaro littéraire*, 2015)

100 Expressions favorites de nos grands-mères
(*Le Figaro littéraire*, 2016)

100 Anglicismes à ne plus jamais utiliser !
(*Le Figaro littéraire*, 2016)

100 Bonnes & Mauvaises Manières à connaître.
Le Guide du bien élevé en vacances
(*Le Figaro*, 2016)

100 Lieux du patrimoine français à avoir vus au moins une fois dans sa vie
(*Le Figaro*, 2016)

100 pour cent chic - Le Guide de l'élégance au masculin
(*Le Figaro Magazine*, 2016)

Aux origines des 100 superstitions qui hantent
ou réjouissent notre quotidien (*Le Figaro*, 2017)

Le Tour de France des 100 péchés mignons
(*Le Figaro*, 2017)

100 Lieux pour se ressourcer en France
(*Le Figaro Magazine*, 2017)

100 Lieux qui ont fait la France
(*Le Figaro Magazine*, 2017)

100 Expressions savoureuses à partager entre petits & grands
(*Le Figaro*, 2017)

100 Châteaux qu'il faut connaître à Bordeaux
(*Le Figaro Vin*, 2018)

Les 100 Inventions qui font la fierté de la France
(*Le Figaro Magazine*, 2018)

Les 100 Expressions à éviter au bureau & ailleurs
(*Le Figaro*, 2018)

Les 100 Romans français
(*Le Figaro littéraire*, 2018)

Les 100 Poèmes (qu'il faut absolument connaître)
(*Le Figaro littéraire*, 2019)

Les 100 Répliques cultes du cinéma français
(*Le Figaro*, 2019)

Les 100 plus belles lettres de la langue française
(*Le Figaro littéraire*, 2020)

Les 100 citations de philosophie les plus précieuses
(*Le Figaro littéraire*, 2020)

Les 100 dates vraiment clés de l'histoire de France
(*Le Figaro histoire*, 2020)

L'AUTEUR

Laurence Caracalla est à la fois écrivain et journaliste. Passionnée de littérature, elle collabore régulièrement au *Figaro littéraire* et au *Figaro Magazine*. Elle est, par ailleurs, l'auteur de quelques ouvrages à succès dans cette même collection des « 100 » parmi lesquels « Le Guide du bien élevé. 100 bonnes et mauvaises manières à connaître », les « 100 expressions favorites de nos grands-mères », « Les 100 romans français (qu'il faut avoir lus) », « Les 100 plus beaux poèmes » et « Les 100 répliques cultes du cinéma français ».